가정의례 복지플랜

건전가정의례 실천으로 아름다운 세상 만들기

한국가정의례실천협회
공 생 두 레 조 합

Then Almitra spoke again said,"

And what of Marriage, maste. ?"

And he answered.

You were born toget

tand ogeth

shall be for

건전 가정의례의
길라잡이가 되길

차 흥 봉
한국사회복지협의회장,
전 보건복지부장관

가정은 인간생활의 기초이다. 사람은 가정에서 태어나 가정에서 생활하다가 가정 속에서 일생을 마감한다. 인간 행복의 기초도 가정이다. 사람이 행복하게 살기 위해서는 부부, 부모자녀들로 이루어지는 가정이 원만하고 화목해야 한다. 국민 모두가 행복하게 잘 살도록 돕는 국가의 사회복지 노력도 결국 가정의 행복에서 출발한다. 이처럼 중요한 의의를 지니고 있는 가정의 각종 생활문화 규범이 곧 가정의례이다. 가정을 이루는 부부의 혼인절차에 관한 결혼생활 규범, 부모 등 가족원의 사별에 관한 장례절차 규범 등이 대표적인 것이다.

20세기 이후 급격한 사회변동을 겪으면서 우리나라의 가정의례는 거의 혁명이라고 할 만큼 큰 변화를 겪고 있다. 지난 한 세기 동안 우리나라는 전통적 사회에서 현대적 사회로 완전 탈바꿈하고 있다. 농업위주의 농촌사회에서 2차 산업, 3차 산업위주의 산업도시사회와 지식정보를 기반으로 하는 정보화 사회로 바뀌었다. 가족 유대관계와 친족집단 중심의 생활양식도 개인주의적 생활양식으로 바뀌었다. 사회경제생활의 변화에 따라 가치관도 변하고 있다. 이와 같은 사회변화과정에서 가정생활문화의 규범인 가정의례도 따라서 변하고 있다. 결혼문화의 변화가 심하다. 전통적 결혼식, 즉 구식결혼은 거의 찾아 볼 수 없다. 말 그대로 구식이 되었다. 도시농촌 할 것 없이 모두 서양식으로 결혼예식을 올리고 있다. 예식을 서양식으로 치르는 것은 그렇다고 치더라도 결혼예식이 지나치게 형식화되고 지나치게 호화롭게 치르는 것이 큰 문제이다. 도시의 경우 결혼식 초청범위가 지나치게 광범위하여 하객들이 거의 형식적으로 참석하는 경우가 많다. 결혼부조도 그 주고받는 범위나 내용이 부담스러운 경우가 많다. 장례문화의 변화와 거기에 따른 문제점도 비슷하다. 전통적 상례절차가 지나치게 형식적이고 비합리적이었기 때문에 그 절차를 현대적으로 합리화하는 것은 오히려 바람직하다. 묘지면적을 지나치게 차지하는 전통적 매장의 폐단을 줄여서 화장, 수목장, 자연장의 형태로 바뀌고 있는 것도 바람직하다고 할 수 있다. 그러나 장례식을 지나치게 호화롭게 치르는 것, 사회적 위세를 과시하기 위하여 형식화하는 것, 묘지를 지나치게 크게 만들고 석물을 과다하게 장식하는 것 등의 문제점은 아직도 계속되고 있다.

현재 우리나라 결혼, 장례 등 가정의례의 문제점은 크게 보면 일종의 문화적 혼돈 속에 있다고 할 수 있다. 전통적 문화가 완전한 현대적 문화로 바뀌어 정착하지 못하고 있고 현대적 가정의례가 바람직하지 못한 형식성, 과시성으로 흐르고 있는 점이 그 혼돈의 모습이다. 전통적 문화와 현대적 문화사이의 과도기적 현상이기도 하고, 새로운 문화정착이 없는 아노미현상이기도 하다. 이제 우리나라도 이와 같은 가정의례의 문화적 과도기를 졸업하고 새로운 규범문화를 정착시킬 때가 되었다. 물질문명에 비하여 생활습관과 같은 정신문화는 늦게 발달한다고는 하지만 우리나라가 지난 백년간 사회변동을 겪어왔고 경제적 측면과 사회복지적 측면에서 선진국 진입을 눈앞에 두고 있다는 것을 생각하면 이제는 생활습관도 새로운 문화를 정착시켜나갈 때가 된 것이다.

이러한 때에 한국가정의례실천협회가 건전가정의례 실천으로 아름다운 세상 만들기라는 기치를 내걸고 『가정의례복지플랜-건전의례서비스』라는 좋은 책을 발간하게 된 것을 아주 반갑게 생각한다. 이 책은 가정의례가 인간존중의 전통에 기반한 가정의례복지프로그램이라는 관점에서 출발하고 있다. 그 관점이 바람직하다. 건전한 가정의례가 인간존중에 바탕을 둔 가정생활의 복지를 가능하게 하는 기초가 되기 때문이다. 이 책이 다루고 있는 내용도 혼례와 상례 등 두 가지 중요한 가정의례의 전통적 양식과 현대적 양식을 비교하면서 현재 우리나라 가정의례의 여러 가지 문제점과 폐단을 지적하고 바람직한 가정의례 문화를 소개하고 있다. 우리나라 가정의례문화가 발전해 나가야할 바람직한 방향을 잘 제시하고 있다.

가정의례가 건전한 가정생활문화의 토대가 되고 이를 통하여 국민 모두의 삶의 질이 향상될 수 있는 복지의 출발점이 된다는 점에서 이 책이 건전가정의례의 충실한 길라잡이가 되고 가정복지의 지침서가 되기를 기대한다.

2012년 6월

건전 가정의례,
이제 실천할 때

김 관 희
한국가정의례실천협회 회장
한국골든에이지포럼 이사

옛부터 이웃나라 사람들은 우리나라를 동방예의지국(東方禮義之國), 즉 동쪽의 예의 바른 나라라고 불렀다. 이 말은 2300여 년 전 공자의 7대손인 공빈(孔斌)이 쓴 동이열전(東夷列傳)에 다음과 같이 기록되어 있다.

"나라는 비록 크지 않지만 남의 나라를 업신여기지 않고, 군대는 비록 강했지만 남의 나라를 침범하지 않았다. 길을 걸을 때는 서로 양보하고 음식을 먹을 때는 서로 미루며 남자와 여자가 따로 거처해 섞이지 않으니 이 나라야말로 동쪽에 있는 군자의 나라가 아니겠는가?"

여기엔 우리나라가 옛부터 나라가 지켜야 할 큰 예(禮)에서부터 가정과 개인이 지켜야 할 예(禮)들이 잘 실천되고 있었음을 보여주고 있다.

이러한 훌륭한 전통이 우리 역사 속에 끊이지 않고 유구하게 흘러왔으나, 근래 들어 급격한 외래문화의 수용과 물질만능주의 등으로 오랫동안 지켜온 전통 예법(禮法)들이 변형되고 해체되어가면서 사회적 혼란과 갈등을 겪고 있다.

이러한 현상은 세상이 너무나 빨리 변해가는 탓도 있지만 우리의 예(禮)에 대한 잘못된 해석과, 예(禮)의 근본정신이 아닌 형식에 대한 집착에서 비롯되는 측면도 많다 할 것이다.

예(禮)란 근본정신은 변하지 않되 그 법도와 형식은 시대의 변화를 반영해 끊임없이 변해가야 하는 것으로, 자칫 형식에 치우쳐 변화를 수용해 내지 못하면 본말이 전도되어 의례(義禮)가 지향하는 가치가 왜곡되게 된다.

그래서 동양에서 최고의 성인으로 떠받들고 예(禮)를 집대성한 공자께서도 "모든 일을 물어서 하는 것이 예(每事問, 是禮也)"라며 예의 법도와 형식이 고정불변이 아닌 시대변화를 반영해 끊임없이 의견을 묻고 수렴해가는 것이라고 말씀하신 것이다.

사람이란 혼자서는 살아갈 수가 없고 공동체 안에서 다른 사람들과 더불어 살 수밖에 없는 존재다. 공동체란 사람들의 관계망이며 이런 인간관계는 기본적으로 예(禮)를 그 바탕으로 한다. 예(禮)가 무너지면 사회, 즉 우리가 사는 가족, 마을, 나아가 국가의 존립이 위태로워진다. 따라서 예를 세우는 것이 곧 우리 공동체를 발전시키고 지켜내는 지름길이 되는 것이다.

우리 삶은 의례(義禮)로 시작해 의례(義禮)로 끝난다고 해도 과언이 아니다. 하루 일상도 마찬가지이다. 아침에 잠 깨어 만나는 가족에게 건네는 첫인사도 예(禮)요, 잠자리에 들기 전 하는 마지막 인사도 예(禮)라 할 것이다.

전통적인 예(禮)로서는 성년례(成年禮), 혼례(婚禮), 상례(喪禮), 제례(祭禮)를 들 수 있다. 이중에서 특히 우리사회에서 누구나 소홀히 할 수 없는 가정의례의 핵심이 혼례와 상례라고 할 수 있다.

현재 혼례 상례를 중심으로 하는 가정의례가 지나친 상업화와 과시욕, 허례

허식 등으로 의례가 가족이나 공동체간 연대와 소속감을 높여주기는커녕 심지어 가족 간의 불화를 조장하거나 사회적 갈등을 불러오기도 한다.

그러므로 우리의 소중한 가정의례문화가 시대의 변화에 맞춰 변해야 한다. 시대변화를 수용해 누구나 쉽게 이해할 수 있고 간편하되 근본정신에 맞는 건전한 의례가 되어야 한다.

한국가정의례실천협회는 시대변화에 따른 건전한 가정의례를 정립하고 실천해가고자 하는 자발적인 모임이다. 우리의 가정의례를 시대변화를 수용하여 간편하고 건전하게 바꾸어야 한다는 논의는 부부했지만 실천이나 성과가 충분하지는 못했다.

이에 그간의 고민과 생각을 한권의 책으로 엮어 펴내게 되었다. 우리의 전통의례를 살펴봄으로써 우리 선조들이 추구했던 가정의례의 근본정신을 되돌아보고, 정부의 건전가정의례준칙에 기반을 둔 현대 의례와 상업화한 의례서비스의 현황과 문제점 등을 살펴보고 현실적으로 실천 가능한 대안을 검토해보았다.

이 실천운동이 비록 출발은 미미하지만 개인과 가정은 물론 이 사회와 나라의 기틀을 바로 세우고 굳건하게 하는 작업의 초석이 될 것이라 자부한다. 많은 뜻있는 분들의 동참과 실천으로 건전 가정의례가 뿌리내릴 수 있기를 바라면서……

2012년 6월

인간 존중의 전통에 기반한 건전가정의례

健全家庭儀禮

인간 존중의 전통에 기반한
건전가정의례 健全家庭儀禮

「가정의례실천협회」는 인간존중 철학과 상부상조의 전통을 바탕으로 「가정의례복지플랜」을 마련하고, 정부의 《건전가정의례준칙》(대통령령제21083호)에 기반한 「건전의례서비스」를 만들어 보급함으로써 선진복지사회 건설에 앞장서고자 합니다.

우리민족은 "널리 사람을 이롭게 하고자" 했던 고조선의 건국이념인 홍익인간(弘益人間)과 "사람을 하늘처럼 섬기라"(事人如天)고 했던 인간존중의 철학과 상부상조하는 두레 문화의 아름다운 전통을 지켜왔다.

이에 「가정의례실천협회」에서는 이러한 전통문화를 계승하여 인간존중과 상부상조의 정신에 바탕하여 사랑과 나눔을 실천하고 국민들의 복지(福祉) 향상을 진작하여 행복한 새 세상을 열어가는데 선도적 역할을 하고자 한다.

본 협회에서는 성장(成長)과 복지(福祉)가 함께 가는 것이 시대적 요구임을 깊이 인식하고, 일반 서민들과 생활보호대상자, 장애인 가정 등 사회적 약자들의 경제적 부담을 덜어줄 수 있도록 각종 공제 및 지원 프로그램 등 「가정의례 복지 플랜」을 마련하고 이를 교육·보급하는 국민 실천운동을 전개하고자 한다.

이러한 「가정의례 복지플랜」 프로그램의 하나로 가정생활 속에서 일시에 큰 비용이 소요되는 중요한 의례인 혼례(婚禮)·장례(葬禮)·제례(祭禮) 등 가정의례(家庭儀禮) 비용을 획기적으로 절감할 수 있는 「건전의례서비스」를 만들어 보급하는 운동에 앞장서고 있다.

현재 우리의 가정의례(家庭儀禮)는 대가족 제도의 붕괴와 상업주의화 등으로 인해 크게 훼손되고 있어, 본 협회에서는 가정의례에 깃든 숭고한 정신을 되살리고 건전한 미풍양속을 조성하기 위해 정부가 제정한 《건전가정의례준칙》을 표준으로 혼례·장례·제례 등에 대한 「건전의례서비스」 프로그램을 마련하였다.

가정의례(家庭儀禮)제도는 사람이 태어나서 돌아가실 때까지 가장 엄숙하게 다룬 행사로서 우리 선조들의 인간관(人間觀)과 생사관(生死觀), 즉 사람의 존재와 삶과 죽음을 어떻게 바라보고 어떠한 생활을 추구하였는지를 알 수 있는 소중한 문화유산이다.

우리 선조들은 사람이 곧 '하늘(天)', 즉 하늘씨앗(天性, 佛性)을 품고 있는 존재였다. 그리고 스스로를 칭하는 '나'라는 말도 태양을 의미하는 '라'에서 유래되었으며, 사람은 '빛나는(사) 인격화된 태양(라+ㅁ)'이라는 의미로, 사람이야말로 하늘과 땅이 하나 되는(人中天地一) 신성한 존재라고 보았다.

따라서 삶은 이러한 하늘 씨앗(天性)을 움틔우고 꽃피우고 열매 맺는 과정이었으며, 죽음은 끝이 아니라 지상의 삶을 마무리하고 온 데로 돌아가는 것이었다.

그래서 삶을 마치고 돌아가신 후에는 '학생부군신위(學生府君神位)'라고 명명한 것은 지상의 삶이 학생으로서 배움을 추구하는 과정이며, 죽음은 육신을 버리고 신령(神靈)의 세계로 돌아간 것이라는 생사관(生死觀)을 담고 있는 것이다.

이렇듯 우리 민족의 가정의례는 이러한 인간관(人間觀)과 생사관(生死觀)을 바탕으로 이를 상징화하여 절차를 정한 것으로 용변부동본(用變不動本), 즉 쓰임과 형식은 시대를 따라 바뀐다할지라도 그 근본은 지켜가야 하는 것인데, 지금 우리가 근본을 잃어가고 있는 것은 아닌지 성찰이 필요하다 할 것이다.

우리나라는 일제의 식민지배와 해방 전후의 혼란과 갈등, 가난, 동족상잔의 전쟁 등의 어려움을 극복하고, 경제 성장과 민주화라는 자랑스러운 성취를 바탕으로 세계로 뻗어가는 선도국의 대열에 우뚝 섰다.

오늘날 우리 국민은 이러한 성취에도 불구하고 사회 양극화와 지나친 물질 만능주의, 허황한 과시욕 등으로 인해 신성한 가정의례(家庭儀禮)제도가 무분별한 상업주의의 돈벌이 수단으로 전락하여 빈부 갈등을 초래하는 등 심각한 사회문제로 등장하고 있다.

인륜지대사라는 혼례(婚禮)의 경우 분에 넘치는 허례와 과시욕으로 인한 호화 결혼식과 지나친 혼수 등이 결혼의 파탄과 양가의 갈등으로 비화되는 사회문제로 등장하고 있으며, 세계 최고의 이혼율로 우리나라의 미래가 심히 우려되는 지경에까지 이르고 있다.

장례(葬禮)도 일부 부도덕한 상업주의자들의 돈벌이 수단으로 전락하여 상조회사 임원들이 배임·횡령으로 줄줄이 구속되는 등 사회적인 물의를 일으키고 있다.

결혼식은 허영과 과시가 아닌 성스러운 추억의 의례가 되어야 하며 나를 돌아보고 부모님을 비롯한 친지 등 주위의 인연들에 감사하고 새로운 출발을 다짐하는 신성한 시간이 되어야 하며 양가의 친지들이 서로 어울려 얼굴을 익히고 추억을 나누고 새로운 가족이 되는 소중한 자리가 되어야 한다.

또한 장례식은 살아있는 가족 친지들이 고인(故人)을 추모하고 삶과 죽음에 대하여 경건하게 성찰하는 소중한 시간이 되어야 할 것이다.

본 협회에서는 혼례와 장례를 중심으로 전통의례와 현대식 의례를 살펴보고, 의례서비스 시장의 현황과 문제점 등을 짚어본 후, 정부가 제정한 《건전가정의례준칙》을 바탕으로 우리 고유의 인간존중의 철학과 상부상조의 두레 전통에 기반한 대안을 제시하고자 한다.

CONTENTS

혼례

Chapter 01 전통혼례와 현대식 혼례

Chapter 02 웨딩시장 현황 및 문제점

Chapter 03 신선하고 간소한 웨딩

전통 상례와 현대식 상례

07 건전의례서비스

CHAPTER 01
전통혼례와 현대식 혼례

혼례 문화
婚禮 文化

혼례婚禮 문화

1. 개 요

결혼(結婚)은 예로부터 인륜지대사(人倫之大事)라 하여 사회적 존재로서의 인간에게 가장 중대한 의식으로 여겨져 왔으며, 혼례를 치름으로써 완전한 성인으로 대접을 받았다. 결혼을 통해 새로운 가속이 생겨나고 남편으로서, 부인으로서의 책임과 의무를 부여받는 등 결혼은 개인에게는 물론 가족과 사회에서도 가장 의미 있고 중요한 행사라 할 수 있다.

현대에서는 결혼에 대해 '남녀 두 사람의 성적(性的), 경제적(經濟的) 결합을 사회로부터 공인받는 것'이라고 정의하고 있다. 나아가 두 개인은 각각 하나의 가족 속에서 자라왔고, 가족구성원으로서 특정한 지위를 가진다는 의미에서 혼인은 두 가족의 사회적 결합이기도 하다.

혼인의 가족적 결합을 중시했던 우리 전통사회에서는 혼인 당사자의 의사보다는 가족의 의사가 강하게 반영되었고, 의례(儀禮)를 중요시하였으며 격식을 따라야 혼인이 인정되었다. 그러므로 혼례는 두 개인이 결합하여 부부가 되었음을 사회적으로 인정하는 의례일 뿐 아니라 두 가족의 권리와 의무의 표현이기도 하다.

2. 전통혼례 문화의 성립

혼례는 통과의례(通過儀禮) 중의 하나이다. 통과의례란 인간이 태어나서 일생을 통하여 출산·성인식·혼인식·장례식 등 사회적 지위와 인정을 받기 위하여 거쳐야만 하는 의례를 말한다.

혼례는 크게 두 영역으로 나눌 수 있다. 하나는 혼례식만을 말하는 것이고, 또 하나는 양가(兩家)가 혼담(婚談)이 오가기 시작하면서 혼인과 관련된 모든 행위를 말한다. 전자는 좁은 의미의 혼례이고, 후자는 넓은 의미의 혼례가 된다. 현재 혼례식에는 많은 변화가 있었지만 넓은 의미의 혼례는 그 기본구조가 변하지 않고 그대로 지속되고 있다.

삼국시대 이전은 기록이 적어 혼례의 형태를 유추하기가 어려우며 삼국시대에는 불교가 성행하였고 상례(喪禮)도 불교식이 많았기 때문에 혼례도 불교의 영향으로 불교식 화혼례(花婚禮)가 많았던 것으로 추정되며 특히, 상류사회에서는 불교식을 따랐을 것으로 추정된다.

혼례의 여러 절차 중에서 사주(四柱)를 보내고, 택일(擇日)을 하며, 송복(送服)과 함(函) 보내는 것 등은 비록 조선조의 그것과 같지는 않더라도 예로부터 행해졌을 것이며, 신랑의 초행(醮行) · 재행(再行) · 전안지례(奠雁之禮) · 동상례(東床禮), 신부의 우귀(于歸)와 현구례(見舅禮) 등은 그 기반이 삼국시대부터 이미 있었을 것으로 추정된다.

《삼국지三國志》 위서(魏書) 동이전(東夷傳)에 의하면 신부 집에서 혼례를 행하고 신부가 자녀를 출산하여 성장한 뒤에야 시가로 간다는 기록이 있는 것으로 보아, 이 때 이미 신랑의 초행과 재행이 있었으며, 신부의 우귀가 있었다는 것을 알 수 있다.

전안지례는 목안(木雁), 즉 나무기러기를 놓고 신랑이 절을 하는 의식인데, 목안에 관한 의례와 풍속은 동북아시아 여러 민족에게 분포된 하나의 풍속이므로 우리나라에서도 상당히 오래된 풍속임을 알 수 있다. 동상례(東床禮)와 현구례(見舅禮)도 비록 중국식 명칭으로 표기되었다 하더라도 신랑다루기와 폐백으로 불려온 우리의 옛 풍속이다.

이 밖에도 대례상(大禮床)의 상차림 내용이나 합근지례(合卺之禮)·교배지례(交拜之禮)의 내용도《주자가례》영향을 받기 전인 고려 이전에 이미 행하여졌던 것으로 추정된다. 이는《주자가례》에 없는데도 예로부터 전승해왔기 때문이다.

혼례가 보다 체계화하고 형식을 갖추게 된 것은 조선시대에 들어와서였다. 고려 말에《주자가례》를 수용하면서 그 바탕을 갖추었으며, 지배계층의 예로 규정되어 시행된 것이 조선 초기였으며, 일반서민계층까지 확산된 것은 조선 말기인 것으로 보인다.

《주자가례》가 고려 말에 들어와서 정몽주(鄭夢周)의 건의에 따라 지배계층에서 준수할 것을 적극 권장한 점과, 조선 초기에 완성된《국조오례의(國朝五禮儀)》에 대부·사·서인의 관혼상제가 기록된 점, 조선 중기에 예서(禮書)가 한글로 번역되어 보급된 점 등으로 미루어 짐작할 수 있다.

| 참고 | 주자가례(朱子家禮)

중국 송(宋)나라 주희(朱熹, 1130~1200년)가 유가(儒家)의 예법의장(禮法儀章)에 관하여 상세하게 밝힌 책으로《문공가례(文公家禮)》라고도 한다.

우리나라에 전해진《주자가례》는 명(明)나라 성화(成化)연간에 구준(丘濬)이《주자가례》를 기초로 하여 여기에 의절고증(儀節考證)·잡록(雜錄)을 추가하여《문공가례의절(文公家禮儀節)》8권으로 만든 것이 고려 말기 주자학과 함께 전래되었다.

관(冠)·혼(婚)·상(喪)·제(祭) 사례(四禮)에 관한 예제(禮制)로서의 이《주자가례》는 조선시대에 이르러 주자학이 국가 정교(政教)의 기본강령으로 확립되면서 처음에는 왕가와 조정 중신에서부터 사대부(士大夫)의 집안으로, 다시 일반서민에까지 보편화되기에 이르렀다.

그러나 송대(宋代)에 이루어진 이 가례가 한국의 현실과 맞지 않아 많은 예송(禮訟)을 야기시키는 원인이 되기도 하였다.

| 참고 | **사례편람(四禮便覽)**

《주자가례》는 우리나라에 들어온 후 여러 학자에 의해 더욱 연구되어 여러 가지 문헌이 나왔는데 조선 말기까지 가장 많이 준용되어 온 것이 《사례편람》이다.

《사례편람》은 조선 숙종(肅宗) 때 성리학자 도암 이재(陶庵 李縡1680~1756년)가 편찬한 예서(禮書)로서 주자가례(朱子家禮)를 중심으로 변례(變例)를 첨해서 8권 4책으로 만든 목판본이다.

3. 혼례(婚禮) 문화의 변화

유교(儒教)에 기반 한 전통 혼례문화는 조선 말기부터 변화를 보이기 시작하였는데, 서구적 교육의 영향을 받은 계층을 중심으로 지나치게 형식적인 전통 혼례를 반대하고 이른바 신식결혼식을 만들게 되었다.

신식결혼은 1890년대에 생긴 '예배당결혼'이 처음이었다. 이와 함께 1900년대에는 불교계에서도 불식화혼법(佛式花婚法)이 등장하였으며, 1930년대에는 계명 구락부(啓明俱樂部)를 중심으로 오늘날의 예식장에서 행하는 사회결혼(社會結婚)이 보급되었다.

　이러한 변화와 함께 조선총독부에서 1934년에 발표한 〈의례준칙〉과 해방이후 1961년의 〈의례준칙〉, 1969년의 〈가정의례준칙〉은 전통혼례의 변화를 초래하게 하였다.

　조선총독부의 〈의례준칙〉은 《주자가례》를 중심으로 하였으며, 1969년의 〈가정의례준칙〉은 1961년의 〈의례준칙〉이 별다른 효과가 없자 처벌규정을 추가하여 발표한 것으로 특히 사치스러운 약혼식과 청첩장의 남발, 혼인잔치, 호화롭고 번잡한 혼례식 등을 엄격히 규제하였다.

이러한 혼례문화의 변화를 크게 개화기(1976년~1910년) 일제 강점기(1911년~1945년) 정부 수립기(1946년~1960년) 산업화 시기(1961년~1980년) 민주화 시기(1981년~현재) 등 5단계로 나누어 살펴보면 다음과 같다.

1) 개화기(1876년~1910년)

유교에 기반 한 전통 혼례는 조선 말기가 되자 서양 종교와 새로운 사조의 영향 등으로 인해 절차가 간소화된 개량 결혼식이 도입되어 조금씩 퍼져 나가기 시작했다.

기독교인들은 신랑과 신부가 상대편의 머리를 쪽 지어주고 상투를 틀어주는 것으로 마무리 되는 간소한 결혼식을 '복수결혼(福手結婚)'이라 하였는데 이는 경제적 여유가 없는 기독교인 사이에 성행했다.

천주교에서는 신부(神父)의 집전으로 혼배성사(婚配聖事)가 행해졌으며, 천도교에서도 독자적인 신식 혼례방식이 마련되기도 하였다.

또한 1900년대 들어서는 법사의 주례로 불교식의 '불식화혼법(佛式花婚法)'이란 개량 혼례가 신도들 사이에 널리 퍼졌으며, 신도가 아닌 사람에게도 불교식 결혼이 허용되었다.

이밖에도 근대적 사회운동을 벌이고 있던 '계명 구락부' 회원들이 올렸던 '고천식(告天式)' 결혼은 상고문을 읽는 것만으로 결혼식 절차가 모두 끝나 광복 후까지 계속 보급된 가장 간략한 결혼방법이었다.

2) 일제 강점기(1911년~1945년)

신식 결혼식은 기독교 전파에 따른 교회 설립으로 점차 늘어갔으며, 신문지상에 등장한 최초의 신식 결혼식은 1920년 4월 15일 나혜석과 김우영의 결혼식이었다. 이들은 서울의 정동 예배당에서 결혼식을 올렸는데, 이를 계기로 예배당으로 불린 교회와 절, 부민관, 동아일보사와 조선일보사 강당, 명월관 같은 대형 요리점까지 식장으로 이용되는 등 결혼식장은 매우 다변화되는 경향을 보였다.

신식 결혼식에서 처음 등장한 의상을 살펴보면, 신랑의 예복으로는 모닝코트가, 그리고 신부 의상의 특징은 면사포에서 가장 두드러졌다. 하얀 드레스 대신 당시에는 흰색 한복에 흰 버선, 그리고 고무신을 신어 초기 신식 결혼식의 의상은 한식과 서양식이 절충된 양상을 보였다.

결혼풍습은 1930년대에 또 한 차례 큰 변화가 있었다. 19년 조선총독부가 제정 공포한 이른바 '의례준칙'은 전통 관혼상제의 풍습을 사장시키고 혼인 장소로는 신사(神社)마저 이용하게 하는 등 일반 대중의 결혼식에 대한 인식과 부담을 털어준 측면이 있다. 특히 혼례의 간소화는 1937년 일제의 중일 전쟁 수행 과정에서 정책적으로 강조되었다.

3) 정부 수립기(1946년~1960년)

1950년 한국전쟁을 계기로 그동안 간접적인 영향을 미쳤던 서구의 문물이 들어오기 시작하였으며, 서양의 생활양식을 수용함으로써 개인의 사고와 가치관에 상당한 변화를 불러오기 시작했다.

결혼 절차도 점차 서양의 형식으로 변하기 시작하여 급기야 1950년 후반에 이르러서는 우리나라의 결혼형식이 완전한 서양식으로 일반화되기에 이르렀다.

사회변화에 따라 결혼을 하게 되는 동기 역시 변화하였는데, 여기엔 정서적, 심리적 안정을 위한 개인적 동기와 종족계승, 공동체 간의 유대감 증대를 위한 사회적 동기가 있다. 결혼의 개인적 동기는 중매혼이 지배적이었던 전통사회에서는 무시되는 경향이었으나 현대사회에서는 개인주의 가치관의 영향으로 인해 결혼의 가장 중요한 가치로 인식되고 있다.

역사의 흐름에 따라 결혼에 대한 근본적인 가치관이 변화되어 결혼식 자체도 과거와는 다르게 변화하였다.

혼례문화는 1960년대 산업화 이후 사회경제가 급속히 변화하고 서구적인 생활환경이 유입, 확대됨에 따라 계층 간의 현저한 차이를 보이기 시작하였다.

이에 따라 당시 정부에서는 허례허식으로 심화되어 사치를 초래하고 계층 간의 위화감을 조성하는 병폐를 막고 혼례를 현대화 하고자 하는 노력을 기울이기 시작하였다.

4) 산업화 시기(1961년~1980년)

정부 주도의 정책으로 1961년에 '표준의례'가 공포되었으며, 1969년 제례, 상례 등의 '가정의례준칙'이 발표되어 검소와 간소화를 장려하였다.

1977년 개정된 혼인법은 만 20세 이상의 성년 남녀에게 부모의 강요나 간섭 없이 혼인은 당사자들의 자유선택에 따른 합의로써 결정하도록 하였다. 이 시기에 예식장(禮式場)이라는 결혼 전문장소가 등장하면서 결혼문화의 중심으로 자리를 잡게 된다.

5) 민주화 시기(1981년~현재)

1990년대 이후는 예식장을 중심으로 한 결혼풍습에 전통 혼례가 완전히 자리를 내주었다. 이는 급속하게 도시화되어 가는 과정에서 이뤄진 결과라고 할 수 있다.

대가족 중심이었던 과거 결혼식이 가정이라는 제약된 공간에서 지리적으로 근접한 촌락을 중심으로 진행되었던 반면, 현대의 예식은 서로 모두 흩어져 사는 소가족의 여러 단위를 불러 모을 뿐만 아니라 다양한 사회생활에서 관계가

맺어지는 학교, 직장, 기타 모든 인척 관계를 밀집시키는 방식으로 변화되었다.

이러한 과정에서 막대한 부조금의 이동이 이뤄지고, 이에 상응하는 서비스를 제공하기 위해 결혼 당사자는 결혼식 자체를 스스로의 지위를 홍보할 수 있는 몇 안 되는 기회 중 하나로 간주하면서 결혼식은 거대해지고 화려해지기 시작했다.

바쁜 현대인의 생활에 맞춰 소비자들이 희망하는 가격대에 맞춘 웨딩패키지, 그리고 결혼의 전반적인 스케줄 관리와 당사자는 물론 결혼예식에 참여하는 모든 사람들에게 만족을 줄 수 있도록 결혼식을 거행하는 전문 웨딩컨설팅 업체가 많이 생겨났고, 소비자들은 이러한 상품을 많이 이용하는 추세이다.

또한 소비자들의 욕구와 개성이 두드러지게 나타나는 개성화 시대에 발맞춰 참신한 이벤트와 스토리를 접목시켜 하객과 함께 결혼식을 즐길 수 있는 개성 있는 웨딩을 원하는 신랑, 신부가 늘어나면서 테마웨딩이나 이색결혼식에 대한 관심이 고조되고 있다.

그리고 최근에는 일반 예식장을 벗어난 장소에서 결혼식을 진행하거나 여유 있는 예식을 원하는 커플들이 많아지면서, 일반 예식장보다는 호텔이나 레스토랑, 혹은 야외에서의 예식을 선호하고, 유람선이나 하우스웨딩 등도 새로운 예식장소로 선호하고 있으며, 결혼식을 주말이 아닌 평일 저녁에 하는 경우도 많아지고 있다.

전통 혼례

傳統 婚禮

전통 혼례婚禮

1. 개 요

  전통 혼례 절차는 시대에 따라, 지방이나 가문에 따라 차이점이 많으며 현재
이용되고 있는 여러 가지 절차의 근원은 주육례(周六禮)와 주자사례(朱子四禮), 전통
육례(傳統六禮) 등에 뿌리를 두고 있다.

주(周)육례	주자(朱子) 사례	전통 육례	현행 구례
납채(納采) ⇩	의혼(議婚) ⇩	혼담(婚談) ⇩	맞선·교제 ⇩
문명(問名) ⇩	납채(納采) ⇩	사주(四柱) ⇩	사주(四柱) ⇩
납길(納吉) ⇩	납폐(納幣) ⇩	택일(擇日) ⇩	택일(擇日) ⇩
납징(納徵) ⇩	친영(親迎)	납폐(納幣) ⇩	약혼(約婚) ⇩
청기(請期) ⇩		예식(禮式) ⇩	함(函)보내기 ⇩
친영(親迎)		우귀(于歸)	예식(禮式) ⇩
			폐백(幣帛) ⇩
			신혼여행 ⇩
			우귀(于歸)

주자사례에 따른 전통 혼례는 서로의 혼례의사를 타진하는 의혼(議婚), 혼약이 이루어져 사주(四柱)를 보내고 연길(涓吉)을 청하는 납채(納采), 신부용 혼수와 혼서 및 물목을 넣은 혼수 함을 보내는 납폐(納幣), 그리고 혼례를 치루는 친영(親迎)의 네 가지 단계로 구성되어 있다.

전통혼례 절차			
의혼(議婚)	납채(納采)	납폐(納幣)	친영(親迎)
중매(仲媒)	사주(四柱) ⇩ 연길(涓吉)	혼서(婚書) ⇩ 채단(采緞)	전안례(奠雁禮) ⇩ 교배례(交拜禮) ⇩ 합근례(合巹禮)

그런데 실제 관행에서는 의혼(議婚)·대례(大禮)·후례(後禮)의 세 가지 단계로 나누어 진행되었는데 의혼은 양가가 중매인을 통해 서로의 의사를 조절할 때부터 대례를 거행하기 이전까지의 준비절차이며, 대례는 실질적인 결혼식으로 신랑이 신부 집에 가서 행하는 전안례, 교배례, 합근례를 말하며, 후례는 대례가 끝난 뒤 신부가 신랑 집으로 오는 의식과 신랑 집에 와서 행하는 의례를 말한다.

2. 전통혼례의 절차와 내용

의혼(議婚)	대례(大禮)	후례(後禮)
납채(納采) ⇩ 연길(涓吉) ⇩ 송복(送服) ⇩ 납폐(納幣)	초행(醮行) ⇩ 전안례(奠雁禮) ⇩ 교배례(交拜禮) ⇩ 합근례(合巹禮) ⇩ 신방(新房) ⇩ 동상례(東床禮)	우귀(于歸) ⇩ 현구례(見舅禮) ⇩ 근친(覲親)

중매인이 나서 혼담을 하고 사주를 교환하고 혼례날짜를 정하는 의혼(議婚)단계를 거친 후 신랑이 신부 집에 가서 혼례를 치르는데 이를 대례라 한다.

신랑이 신부 집에 기러기를 들여 백년해로를 서약하는 전안례(奠雁禮)를 행한 후 마당에 차린 대례청에 교배상을 가운데 놓고 신랑과 신부가 마주 서서 순서에 따라 절을 하는 의식인 교배례(交拜禮)를 한다.

신랑이 도착하기 전에 신부 집에서는 대례를 치를 준비를 해놓고 기다리는데, 차일을 치고 병풍과 휘장을 둘러 식장을 마련하고 식장 가운데에 대례상(大禮床)을 차린다. 대례상에는 장수 · 건강 · 다산 · 부부금슬 등을 기원하는 음식과 물품이 올려지게 되는데, 일반적으로 쌀 · 대추 · 밤 · 보자기에 싼 닭 한쌍 · 송죽(松竹) 화병 · 청홍실 등을 올려놓았다.

교배례가 끝나면 신방에 들어가 표주박 술을 주고받는 합근례(合졸禮)를 하게 된다. 이른바 첫날밤이라는 의례로 두 남녀의 결합은 물론 전통 사회에서 양가의 결합을 의미해 주는 가장 대표적인 절차였다.

우귀(于歸)는 신부가 시가(媤家)로 들어가 살기 위한 절차이다. 신부는 꽃가마를 타고 시가로 가서 처음으로 시부모를 뵙고 인사를 드리는 의식인 현구례(見舅禮)를 한다. 그리고 예식 후 폐백을 드린다. 신부는 집에서 장만해 온 술, 닭, 밤, 대추 등을 차려놓고 시부모로부터 시가의 가까운 친척들에게 차례로 큰절을 하고 술을 올리며, 며느리에게 큰절을 받은 시부모는 신부의 치마폭에 대추를 던져준다.

이렇게 시부모와 친척들에게 인사를 마치면 마지막으로 신랑 집의 조상을 모신 사당에 참배를 드리는 묘현(廟見)을 하게 된다. 근친(覲親)은 우귀 후 일정 기간이 흐른 후 신랑과 신부가 처갓집으로 인사를 드리러 가는 절차이다. 이렇게 신부 집에 신랑과 신부가 인사를 다녀오면 혼례가 마무리되는 것이다.

이를 단계별로 살펴보면 다음과 같다.

✱ 의혼(議婚)

양가가 중매인을 통해 혼인의사를 논의할 때부터 본 결혼식인 대례(大禮)를 거행하기 이전까지의 절차를 의혼이라고 한다. 예서에서 말하는 친영(親迎) 이전의 절차가 여기에 포함된다.

납채(納采)·연길(涓吉)·송복(送服)·납폐(納幣)의 순으로 진행된다.

① 납채(納采)

중매인이 양가를 내왕하면서 혼담을 하고 여자 쪽의 허락을 기다린 다음, 처음으로 신랑측 혼주(婚主)가 예서(禮書)에 있는 서식에 따라 신부집에 편지를 보내는 것을 말한다. 서식은 주소·관직·성명을 적고 간단한 문구로 혼인을 하게 되어 기쁘다는 것을 전하는 것이다.

이 때 신랑 집에서는 납채서를 써서 아침 일찍 사당에 고한다. 납채서가 신부 집으로 보내지면 신부 집 혼주가 대문 밖에 나와서 안으로 맞아들여 납채서를 받아 북향하여 재배한다. 다음에는 사당(祠堂)에 고하고 답서를 전달한다. 신랑 집에서는 답서를 받으면 또다시 사당에 고한다.

예서의 이러한 절차에 해당하는 실제의 관행은 중매인을 통하여 사주(四柱)를 보내는 것이다.

사주는 사성(四星)·주단(柱單)·단자(單子)라고도 한다. 양가에서 중매인을 통하여 의사를 교환한 뒤 선을 보아 혼인하기로 결심하면, 처음 보내는 서신이 사주이다.

사주에는 신랑의 생년월일을 간지(干支)로 적고, 그것을 다섯 번 접어 봉투에 넣는다. 봉투의 전면에는 '사주' 또는 '사성'이라 쓰고, 후면에는 '근봉(謹封)'이라고 쓴다.

이것을 싸릿대를 쪼개어 끼우고 양 끝을 청홍실로 묶은 다음 홍보(紅褓)에 싸서 신부 집에 보낸다. 격식을 갖추는 집에서는 사주 외에 청혼서(請婚書)를 같이 보내는데 주혼자(主婚者)의 명의로 된 서신이다.

신부 집에서는 상 위에 홍보를 덮고, 혼주가 정중하게 사주를 받아서 놓는다.

사주를 받는 것은 약혼(約婚)을 의미하는 것이 된다. 따라서 혼인을 거절하려면 사주를 받지 않아야 하며, 사주를 받은 뒤에 혼인을 거절하면 이혼이 되는 것이다. 여유가 있는 집은 사주를 받는 날 떡을 해서 잔치를 한다.

| 참고 | **문명**(問名)

육례(六禮) 중의 하나인 납채(納采)와 동시에 이루어지는 것으로, 신부 어머니의 성씨를 묻는 절차이다.

흔히들 문명이 신부의 이름을 묻는 것으로 알고 있으나, 전통혼례에 있어서는 신부의 이름보다 가계·전통 등을 파악하는 것이 더 중요하고 사실상 여자의 경우 이름이 없으므로 신부 어머니, 즉 외가의 성씨를 아는 것이 더 중요하였던 것이다.

문명을 함에 있어서 혼주는 사람을 보내어 편지를 전하는데, 그 내용은 "제가 이번에 승낙을 받아 점을 치고자 하니 부인의 성씨는 무엇입니까?"하는 것이다. 이에 신부 측에서는 "제 자식을 선택하였으니 이 또한 운명입니다. 사양할 수 없으니 알려드립니다."하고 신부 어머니의 성씨를 알려준다.

② 연길(涓吉)

사주를 받은 신부 집에서는 신랑 집에 택일단자(擇日單子)를 보낸다. 이것을 연길이라고 하는데, '날받이'라고도 한다.

택일단자는 전안(奠雁, 신랑이 신부 집에 가서 기러기를 전하는 것으로 흔히 나무로 만든 기러기를 사용)할 연월일시와 납폐할 연월일시를 기입한 단자로서 따로따로 기입하기도 하지만, 전안일시만 쓰고 납폐일시는 동일선행(同日先行)이라고만 쓰는 경우도 있다.

격식을 따지는 집에서는 전안·납폐일시 외에 신랑·신부가 보아서는 안 될 사람의 간지, 그리고 앉아서는 안 될 방위 등을 기입하기도 한다.

택일단자는 봉투에 넣어 봉투 겉의 전면에 '연길(涓吉)'이라고 쓴 다음 중매인 또는 복 많은 사람 편으로 신랑 집에 보낸다. 택일단자에 허혼서(許婚書)를 동봉하기도 한다.

허혼서의 서식은 납채 때의 답례서와 동일하게 하거나 별도의 문장을 만들기도 한다. 연길을 받은 신랑 집에서는 잔치를 하기도 한다.

택일단자를 신랑 집에서 신부 집으로 보내는 지방도 있다. 이러한 택일을 '맞택일'이라 한다.

③ 송복(送服)

송복이란 신랑 집에서 신부 집에 예물을 보내는 것을 말한다. 이것을 '봉치' 또는 '짐보내기'라고도 한다. 예서에는 이에 대한 언급이 전혀 없으며, 모든 지방에서 다 행하는 것은 아니고 일부 지방에서 행한다.

전라도 지방의 경우, 날을 정하여 신부옷감·이불·솜·명주·광목·패물·술·떡을 싸서 한 짐을 만들고, 이것을 모두 물목기(物目記)에 적어 신부 집에 보낸다. 이 날 신부 집과 신랑 집에서는 친척이 모여 잔치를 한다.

④ 납폐(納幣)

납폐란 납폐서(納幣書)와 폐백(幣帛)을 신부 집에 보내는 의식을 말한다. 함 두 개에 각각 납폐서와 납폐를 넣어 신부 집에 보내면, 신부 집에서는 상 위에 받고, 북향재배한다.

그리고 답서를 신랑 집에 보낸다. 납폐서의 서식은 납채와 유사하고, 폐백으로는 청단(靑緞)과 홍단(紅緞)의 채단(采緞)을 보낸다.

실제 관행으로는 납폐라 하면 함(函)을 보내는 것으로 행하고 있다. 함에 넣는 물건은 지방과 사회계층, 빈부에 따라 다르지만 반드시 넣는 것은 신부의 상·하의 두 벌과 패물·혼서지(婚書紙)이다. 혼서지란 위에서 말한 납폐서로서 예장지(禮狀紙)라고도 하며 일종의 혼인문서이다.

송복이라는 절차가 없는 지방에서는 많은 예물을 함에 넣기도 한다. 예컨대 비단·이불감·솜·돈을 넣고, 부귀다남(富貴多男)을 상징하는 곡물이나 목화씨·숯·고추 등을 넣기도 한다.

함은 흔히 '함진애비'라 하여 하인에게 짊어지게 하여 초행 전날에 보내거나 초행의 전안례를 올리기 전에 전하기도 한다. 지방에 따라서는 첫아들을 낳은 복 많은 사람이 함진애비가 되기도 한다. 함을 받을 때는 마루에 상을 놓고 그 위에 홍보를 덮은 뒤 받기도 하며, 상 위에 시루를 놓고 그 위에 받아 얹기도 한다.

함을 받는 사람은 신부의 어머니나 복 많은 여자가 받는다. 함을 받은 뒤 바로 안방으로 가져가 깔고 앉으면서 "복 많이 들었네." 하면서 함에 손을 넣어 손에 잡히는 옷감이 무슨 색이냐에 따라 부부의 길흉을 점치기도 한다.

그리고 함진애비를 후하게 대접하여 보낸다. 오늘날에는 신랑 친구가 함진 애비가 되어 혼인 전날 신부 집에 전하고 후한 대접과 함 값을 받는 풍속이 행하여지고 있다.

✳ 대례(大禮)

의혼의 절차를 마친 후 신랑이 신부 집으로 가서 행하는 의례로 초행과 전안 례·교배례·합근례·신방·동상례가 여기에 포함되는데 예서에서를 이를 친영 (親迎)이라 하였다.

대례를 다시 나누면 전안례와 교배례·합근례 중에서 전안례를 소례(小禮)라 하고, 교배례와 합근례를 대례(大禮)라 하기도 한다.

① 초행(醮行)

신랑과 그 일행이 신부 집에 가는 것으로 신랑 일행에는 상객(上客)·후행(後行) 이 포함되며, 때로는 소동(小童)이라 하여 어린이 2명이 끼기도 한다.

상객은 조부(祖父)가 계시면 조부가 되나 여의치 않으면 아버지나 백부(伯父), 장 형(長兄)이 되기도 한다. 후행은 근친(近親) 중 2, 3명이 된다. 신랑 일행이 신부 집 마을에 도착하면 신부 집에서는 인접(人接) 또는 대반(對盤)이라 하여 안내인을 보 내 일행을 정방에 맞이한다.

정방은 지방에 따라서 노점·주점·사초방이라고 하는데, 신랑이 온 방향에서 신부 집을 지나지 않는 집의 방이어야 한다. 신랑 일행이 정방에 들면 요기상이 나온다.

간단한 요기가 끝나면 신랑은 사모관대(紗帽冠帶)를 하고, 때에 맞추어 예를 행할 신부 집으로 향한다. 신부 집에 들어설 때 부정을 퇴치하는 뜻에서 짚불을 놓아 신랑이 그것을 넘어가도록 한다.

|참고| 상객과 대반

전통혼례는 신랑이 아내를 얻기 위하여 신부 집으로 들어가는 것으로 이를 〈장가들다〉라고 한다. 이때 보호자 한 사람이 신랑을 데리고 가는 데, 이를 상객이라 한다.

상객은 보통 조부나 백부, 아버지가 가게 되는데 조부가 상객으로 갈 때는 종조부나 조부 항렬 가까운 집안 어른이 동행하는 경우도 있다. 아버지가 상객으로 갈 경우에도 백숙부가 동행하는 경우가 있는데, 이때 주 상객은 연장자 형님이 된다.

신랑이 상객과 함께 신부 댁에 도착하게 되면 신랑과 상객을 맞이하는 신부 측 안내자를 대반이라 한다.

대반은 복록이 좋은 사람을 뽑는데 상객과 나이가 비슷하고 덕망이 있는 사람이면 좋다. 신랑이 허물없이 대할 수 있는 가까운 인척으로 건장하고 처세술에 능하고 유머가 있는 사람이 좋다.

대반으로 지정된 사람은 음식상에 동석하며 모든 안내를 도맡아 하게 된다. 특히 신랑대반은 혼례당일 신랑을 대신하여 매도 맞고 신랑의 대변인 역할을 하게 되는데 대반의 역량에 따라 잔칫집 분위기가 고조되고 활기가 넘치게 된다.

잔칫집을 찾은 동년배 동네사람들의 농담끼가 발동되면 대반에게 낯선 손님을 모셔온데 대한 추궁을 하게 되고 신랑을 다루게 되는데 신랑은 모든 질문을 무조건 대반에게 떠넘기며 슬기롭게 대처하면 된다.

또한 잔칫꾼으로 따라가는 신랑친구(우인)들이 있는데 이들을 안내하는 우인대반도 정하여 대접을 하게 된다.

② 전안례(奠雁禮)

신랑이 신부의 혼주에게 기러기를 전하는 의례로 신랑이 신부 집에 들어가서 처음 행하는 의례이다.

이때부터 의식의 절차가 복잡하고 까다롭기 때문에 예절과 한문에 능한 노인으로 하여금 홀기(笏記, 혼례나 제례의식의 절차를 적은 글)를 불러달라고 부탁하여 의례를 진행한다. 전안례를 위해서 신부 집에서는 미리 대문 안 적당한 곳에 멍석을 깔고 병풍을 두른 앞에 작은 상을 놓고, 상 위에 홍보를 덮어놓는다.

이 상을 전안상이라 하며, 이것을 포함한 모든 시설을 준비해놓은 곳을 전안청이라 한다. 신랑이 신부 집에 들어오면 전안청에 안내된다. 홀기의 부름에 따라 신랑이 전안상 앞에 무릎을 꿇고 앉으면 하인이 나무로 만든 기러기 즉, 목안(木雁)을 신랑 손에 쥐어준다. 신랑은 이것을 받아 상 위에 놓고 읍(揖)을 한 다음 일어서서 4배(四拜)를 한다.

신랑이 절을 하는 사이에 신부의 어머니가 목안을 치마로 받아들고 신부가 있는 안방에 던진다. 이 때 목안이 누우면 첫딸을 낳고, 일어서면 첫아들을 낳는다고 전한다. 이와 같은 전안례는 기러기와 같이 의리를 지키겠다는 서약의 뜻을 지닌다.

나무로 만든 기러기 한 쌍은 새 신랑과 신부를 나타낸다. 혼례식의 전안례 부분에서 신랑은 장모에게 기러기 한 마리를 바친다.

기러기는 부부가 결혼생활에서 지켜야할 다음과 같은 가치를 상징한다.

사진 출처 코리아나 화장박물관

▶일생동안 같은 짝을 지킨다. 한 마리가 죽어도 다른 한 마리는 나머지 일생동안 새로운 짝을 찾지 않는다.

▶위계질서를 잘 지킨다. 하늘을 날 때에도 그들은 비행 편대와 조화를 확실히 유지한다.

▶어디를 가든지 그들의 존재를 남기는 본성을 가지고 있다. 사람들도 이 세상을 떠날 때 자손들에게 위대한 유산을 남겨야 하는 것이다.

③ **교배례**(交拜禮)

교배례란 신랑과 신부가 마주보고 절을 하는 의례이다.

전안례가 끝나면 신랑은 대례상 앞으로 안내되어 동쪽에 선다. 신부가 원삼 (圓衫)을 입고 손을 가린 한삼(汗衫)으로 얼굴을 가린 채, 수모(手母, 시중드는 사람)의 부축을 받아 마주선다.

신랑이 대례상 앞에 나온 뒤 신부가 마주서기까지는 오랜 시간이 걸린다. 신랑이 신부 집에 들어오는 것을 보고 비로소 머리를 얹기 때문이다. 신랑·신부가 대례상을 사이에 두고 마주한 뒤 먼저 수모의 도움으로 신부가 재배하고 신랑은 답으로 일 배 한다. 다시 신부가 재배하면 신랑은 답으로 일 배 한다. 이렇게 하면 교배례는 끝난다.

|참고| 신랑 신부 절의 횟수가 다른 이유

신랑과 신부는 혼인 서약의 의미로 음양(陰陽)의 이치에 따라 서로 절을 하는데 동양철학의 음양(陰陽) 이치에 따라 홀수는 양(陽)이고 짝수는 음(陰)이므로 신랑은 1이 되고 신부는 2가 되어 신부가 두 번 절(再拜)하고 신랑은 한번 절하는 것이다.

|참고| 연지 곤지

신부의 양 볼에 붉은색으로 동그랗게 화장하는 것을 연지라 하고 이마에 붉은 색으로 점을 찍는 것을 곤지라 한다.

재혼(再婚)하는 경우 연지 곤지를 하지 않은 것으로 미루어 이는 젊음의 상징행위로 여성이 젊음이 충만하면 뺨에 홍조를 띠는 바 신부의 연지·곤지는 젊은 숫처녀임을 과시하는 수단이라고 추측된다.

재료는 잇꽃과 주사(朱砂, 붉은색 나는 광물)를 사용했는데 신라에서는 잇꽃으로 연지를 만들었고, 고구려에서는 주사로 만들었다고 한다.

일부에서는 경사스러운 날에 아름다운 신부(新婦)에게 악귀가 근접하지 말라는 주술적인 의미를 지니고 있는 것으로 해석하기도 한다.

우리나라의 경우 신라시대에서 연지화장을 한 것으로 전해지며 수산리 고분벽화

의 여인상과 쌍영총 벽화의 '차마 행렬도'에서 볼과 입술에 연지를 바른 여인들을
볼 수 있다.

교배례에는 대례상을 사용하는데 초례상(醮禮床) · 친영상(親迎床) · 교배상(交拜
床) · 혼례상(婚禮床) · 행례상(行禮床) · 독대상(獨對床)이라고도 불린다.

대례상의 크기는 높이 54㎝, 가로 117㎝, 세로 70㎝ 정도로 통판이나 나무 널
빤지 두 개나 세 쪽으로 장방형의 천판(天板)을 삼고 가늘고 둥글거나 네모진 네
개의 다리로 받치며 다리의 지지(支持)부분은 운각(雲脚)을 대어 힘을 받게 하였다.

대례상은 못을 치지 않고 짜 맞춘 것이 특징으로, 부득이한 경우 나무나 대나
무로 깎아 만든 못을 박았다. 또한 다리의 힘을 튼튼히 하기 위해 양 쪽 다리를
두 개씩 묶은 족대(足臺)를 대고, 다시 네 개 다리의 흔들림을 최소화하기 위해 중
대(中臺)를 사방으로 채우기도 하고 족대와 같이 나란히 두 개의 중대만을 부착
하기도 한다.

대례상의 색깔은 생칠(生漆)이나 주사(朱砂)의 붉은 색으로 도장(塗裝)을 하여 흑
칠(黑漆)을 한 제상(祭床)과 구별하였다.

전통 관습상 혼례는 신부 집의 대청이나 마당에 준비하고 대례상을 가운데
두고 신랑 신부가 백년가약을 맺었다.

대례상 위에는 소나무 · 대나무화병, 쌀, 밤, 대추를 진설하였는데 쌀은 부(富)
를 상징하며 소나무와 대나무를 올리는 것은 굳은 절개를 지킨다는 의미이며,
밤과 대추는 장수와 다남(多男)을 뜻하는 의미에서 올리는 것으로 상에 반드시
올려야 한다.

청색과 홍색의 촛대 한 쌍은 양쪽으로 올리고, 청홍색 보자기에 싼 한 쌍의

닭은 남북으로 갈라놓는다.

　지방에 따라서는 송죽 대신 꽃을 놓고, 시루에 기름종지를 얹고 불을 피우거나, 용떡이라 하여 흰떡을 용 모양으로 틀어 올려서 대추와 밤으로 눈과 입을 만든 것으로 출세(出世)를 상징하며, 봉황이라 하여 문어포를 오려 봉황을 만들어 얹기도 한다.

| 참고 | **닭**

　수컷은 푸른 보자기에 싸고 암컷은 붉은 보자기에 싸서 대례상에 놓는다. 수탉의 울음소리는 하루의 시작, 밝고 신선한 출발을 의미하고 또한 혼례날 찾아오는 악귀를 쫓는다는 의미이며 암탉은 달걀을 많이 낳으므로 신부도 아이를 많이 낳으라는 다산(多産)의 의미를 담고 있다.

④ 합근례(合卺禮)
　신랑과 신부가 서로 술잔을 나누는 의식을 말한다.

　교배례가 끝나면 수모가 상에 있는 표주박 잔에 술을 따라 신부에게 주어 약간 입에 대었다가 다시 받아서 신랑의 대반, 즉 신랑의 곁에서 시중을 드는 사람에게 준다.

　신랑에게 주면 받아서 마신다. 답례로 대반이 다른 표주박에 술을 따라 신랑에게 주면 신랑이 입에 대었다가 대반을 통하여 수모에게 건네준다. 신부에게 주면 신부는 입에 대었다가 내려놓는다. 이렇게 두 번 반복한 후 셋째 잔은 서로 교환하여 마신다. 그리고 안주를 들고 합근례를 마친다.

합근례도 대례상을 마주보고 행하며, 이때 사용하는 표주박은 두 개를 준비한다. 표주박은 청실과 홍실로 묶는다. 표주박이 없으면 술잔을 사용하기도 한다.

합근례는 술을 교환하여 하나가 된다는 의식이다. 즉, 지금까지 속해 있던 사회적 관계에서 새로운 관계를 맺게 되었다는 것을 상징적으로 표현하는 행위이다.

⑤ 신방(新房)

합근례가 끝나면 신랑과 신부는 각각 다른 방으로 들어간다. 신랑은 사모관대를 벗고 신부 집에서 새로 만든 도포 또는 두루마기로 바꿔 입는다. 이것을 '관대벗김' 또는 '관대벅금'이라 한다.

그리고 나서 신랑과 상객이 큰상을 받는다. 큰상을 받으면 손을 대는 시늉만하고 물린다. 큰상의 음식은 그대로 광주리에 담아서 신랑 집에 보낸다. 신랑 집에서는 이 음식을 보고 신부 집의 음식솜씨를 알 수 있는 것이다.

상객은 큰상을 물린 다음 사랑방에서 신부 집 어른들과 인사를 나눈다. 옛날에는 상객이 신랑의 신방지내는 것을 보기 위하여 하룻밤을 묵고 갔으나, 근년에는 당일 귀가한다. 지방에 따라서는 다음날 동상례에 쓸 비용이라 하여 상객이 얼마간의 돈을 내고 오기도 한다.

저녁때가 되면 신방을 꾸민다. 신부 집 안방을 신방으로 하거나 더 나은 방이 있으면 그곳을 신방으로 한다.

신랑이 먼저 들어가 있으면 혼례복을 입은 신부가 들어온다. 이어 주안상이 들어오는데, 이 상에는 술과 간단한 안주를 놓는다.

주안상의 술을 나눈 다음, 신랑은 신부의 족두리와 예복을 벗긴다. 족두리는 반드시 신랑이 풀어주어야 한다. 이 때 '신방 지킨다' 또는 '신방 엿보기'라 하여 가까운 친척들이 신방의 창호지를 뚫어 엿본다. 촛불을 끄면 모두 물러난다. 촛불을 끌 때는 반드시 신랑이 옷깃으로 바람을 내어 꺼야 한다. 입으로 불어 끄면 복이 나간다고 전한다.

첫날밤을 지낸 이튿날 아침이면 신방에 잣죽이나, 대례상에 얹어 놓았던 용떡으로 끓인 떡국을 가져온다. 그러고 나서 처음으로 장인과 장모에게 절하며, 가까운 친척들에게도 인사한다.

⑥ 동상례(東床禮)

점심때를 전후하여 신부 집의 젊은이들이 모여앉아 '신랑다루기'를 하는데, 이것을 동상례라고 한다.

신랑에게 답하기 어려운 질문을 해서, 그 답이 신통하지 않으면 신랑의 다리를 끈으로 묶어 힘센 사람이 일어서서 짊어지거나, 대들보에 매어 발바닥을 방망이나 몽둥이로 친다.

신랑이 소리를 지르면 장모가 나와 말리고 음식대접을 한다. 양반집에서는 신랑에게 시(詩)를 읊게 하거나 화(話)를 맞추도록 하여 신랑의 학식과 지혜를 떠보기도 한다.

✳ 후례(後禮)

혼례의 중심인 대례가 끝나면 신부가 신랑 집으로 오는 의식과, 신랑 집에 와서 행하는 의례가 남는다. 이러한 의례들을 후례라고 할 수 있다.

후례는 신부가 신랑 집에 와서 행하는 의례가 주가 된다. 예서에서는 이러한 내용의 의례를 친영(親迎)이라는 절차 속에 포함시키고 있다.

후례의 절차는 우귀·현구례·근친 등이 있다.

① 우귀(于歸)

신부가 시집으로 오는 것을 우귀 또는 신행(新行)이라고 한다. 또는 신부가 시집으로 오는 의례라 하여 우례(于禮)라고도 한다.

예서에는 당일에 우귀하는 것으로 되어 있지만, 실제 전통혼례에서는 당일 우귀도 있고, 사흘 뒤에 시집에 가는 3일우귀(三日于歸) 혹은 3일대반(三日對盤)도 있다.

이 밖에도 며칠 만에, 또는 몇 달 만에, 때에 따라서 해를 넘겨서 우귀하는 경우도 있다. 달을 넘겨서 우귀하는 것을 '달묵이'라고 하며, 해를 넘겨서 우귀하는 것을 '해묵이'라고 한다.

옛날에는 '해묵이'를 많이 하였던 것으로 보인다. '해묵이'의 관습은 오래된 것으로 옛날로 소급할수록 해묵이가 길었고, 현재도 농촌에 가면 해묵이한 노인을 볼 수 있다.

율곡 이이(李珥)의 사례에서도 이러한 풍속을 볼 수 있다. 외손자가 외가(外家)에 오래 있다가 성숙한 뒤에 우귀하기 때문에 우리나라는 중국보다 외조부모와 외숙에 대한 상복기간(喪服期間)이 긴 것이다.

또한, 《삼국지》위서 동이전의 고구려조의 기록에 "서옥(壻屋)을 짓고 남자가 와서 동숙(同宿)하기를 원하면 이를 허락하며, 여자는 자녀를 출산하고 성장한 뒤에 남가(男家)로 간다."는 것도 해묵이를 말하는 것이다.

해묵이나 달묵이를 할 경우 신랑이 몇 차례 신부 집에 다니러 간다. 이것을 재행 혹은 재행걸음이라 한다. 그러나 3일우귀가 생기면서 재행갈 시간이 없어졌다.

그래서 사흘 안에 재행의 형식을 갖추기 위해서 생긴 것이 인재행(引再行)이다. 이것은 첫날 신부 집에서 자고, 다음날 밤을 신부 집의 이웃마을에서 자고, 사흘째 다시 신부 집에 와서 신부와 함께 우귀하는 것을 말한다.

신부가 우귀할 때에는 신부를 비롯하여 상객·하님·짐꾼이 행렬을 이룬다. 신부가 가마를 타고 갈 때는 가마 위에 호피(虎皮)를 얹고, 신부의 방석 밑에는 목화씨와 숯을 깐다.

길이 먼 경우에는 종이쪽지를 몇 개 가져가면서 개울을 건너거나 서낭당을 지날 때마다 하나씩 던진다. 이렇게 하면 잡귀를 피할 수 있다고 한다. 신부 가마가 신랑 집 가까이 오면 사람들이 나아가 목화씨·소금·콩·팥 등을 뿌려 잡귀를 쫓는다.

또는 대문에 짚불을 피워 넘어오도록 하여 잡귀를 쫓는다. 신부 가마가 대문을 들어서면 대청 앞에 가마를 세우고 신랑이 가마의 문을 열어 신부를 맞는다. 이어 가마 위에 얹었던 호피를 지붕에 던져 올려, 신부가 도착했다는 것을 표시한다.

② 현구례(見舅禮)

신부가 시부모와 시가 사람들에게 정식으로 첫 인사를 올리는 의식이다. 신부가 신랑 집으로 우귀하여 첫날밤을 자고 다음날 아침 일찍 절을 올렸다.

신부는 이 예를 올리기 위해 시부모에게 드릴 음식을 준비하여 가는데 이를 폐백(幣帛)이라 했다. 닭찜·안주·밤·대추·과일 등 폐백을 상 위에 차려놓고 술을 따라 올리며 절을 한다.

절을 받는 순서는 시조부모가 계셔도 시부모가 먼저 받고, 그 다음에 시조부모가 받는다. 다음에는 세대 순으로 백숙부모(伯叔父母)·고모내외(姑母內外)·외숙내외(外叔內外)·이모내외(姨母內外)가 절을 받고, 동항렬(同行列)의 형제자매는 맞절을 한다.

어른들은 절을 받으면서 예물을 주거나 대추나 밤을 치마 밑에 넣어주면서 축원을 한다. 양반가에서는 현구례 때 술을 올리지 않지만, 일반적으로 술잔을 올리는 것이 관례이다.

현구례가 끝나면 신부와 신부상객은 신랑 집에서 큰상을 받는다. 이것도 대례 때와 같이 손을 대는 시늉만 하고 물리면 신부 집으로 보낸다. 이어 상객과 하님 등은 모두 돌아간다.

다음날 아침, 신부는 일찍 일어나 단장을 하고 시부모에게 문안인사를 올린다. 문안인사는 시부모가 그만 하라는 말을 할 때까지 계속되지만, 대개 사흘 만에 시부모가 그치라고 한다.

시집에 온 지 사흘 동안은 시어머니가 며느리를 데리고 가까운 친척의 집에 다니면서 인사를 시킨다. 친척들은 신부에게 식사를 대접한다. 사흘이 지나면 부엌에 들어가 일을 시작한다.

③ 근친(覲親)

신부가 시집에 와서 생활하다가 처음으로 친정에 가는 것을 말한다.

요즈음은 전통혼례에서도 우귀한 지 1주일 만에 근친을 가지만 옛날에는 신부가 시가에서 첫 농사를 짓고 직접 수확한 것으로 떡과 술을 만들어가지고 근친을 갔다.

근친 때는 많은 예물을 가져가며, 친정에서 쉰 다음 돌아올 때도 많은 예물을 가져온다. 근친 때는 신랑이 동행을 하며, 이때 장모가 사위를 데리고 친척집을 다니며 인사를 시키고, 친척들은 식사대접을 한다.

신부가 근친을 다녀와야 비로소 혼례가 완전히 끝난 것이 된다.

| 참고 | **친영**(親迎)

전통 예서(禮書)에서는 대례와 후례를 합쳐 신랑이 신부 집에 가서 예식을 올리고 신부를 맞아오는 예를 친영(親迎)이라 하였다. 이 절차는 고례(古禮)와 속례(俗禮)의 두 가지 절차가 있다.

고례에는 신랑이 저녁 때 신부 집으로 가서 전안례(奠雁禮)만 올리고 신부를 자기 집으로 데리고 와서 교배례와 합근례를 올리고, 이미 마련한 신방에서 첫날을 보낸다. 그 다음날 아침에 시아버지와 시어머니에게 폐백을 드리고, 친척들에게도 상하의 순서로 상호례를 나누고, 사흘 동안 시댁에서 보낸 뒤 일단 친정으로 돌아간다. 그 뒤 우귀(于歸) 또는 신행이라 하여 정식으로 날을 받아 신랑 집으로 돌아온다.

속례의 경우, 신부 집에서 전안례와 교배례 합근례 등 모든 예식을 치른다. 첫날밤도 신부 집에서 보내고 계속 사흘간 머무르다가 신부를 데리고 신랑 집으로 돌아온다. 이튿날 아침에 신부는 시부모·시조부모의 순서로 폐백을 드리고, 집안 친척들에게 인사를 올린다. 3일 만에 신부는 사당에 참배한다. 이튿날 신랑이 신부의 부모를 찾아가 폐백을 드리고, 신부 아버지의 안내로 사당에 고사를 지낸다.

현대식 혼례

現代式 婚禮

현대식 혼례婚禮

1. 개 요

일제시대부터 우리나라에 이른바 신식 결혼식이 도입되기 시작하였다. 신식
혼례가 전통 혼례와 크게 다른 것은 식장(式場)과 복장이다. 신식혼례에서 신랑
은 사모관대(紗帽冠帶)가 아니라 양복을 입고, 신부는 원삼(圓衫) 족두리가 아니라
면사포를 쓰고 드레스를 입는다.

그리고 의례의 절차도 크게 달라졌다. 또한 불교 · 천주교 · 기독교 등 종교
의식에 의한 혼례도 많이 치루어지고 있다.

| 참고 | **사모관대(紗帽冠帶)**

전통혼례에서 신랑이 머리에 쓴 모자와 입었던 옷으로 조선시대 문무백관이 평상
시 집무할 때 입는 차림이다. 사모(紗帽)를 쓰고 단령포를 입었으며, 네모진 흉배를 가
슴과 등에 붙였다. 허리띠는 조복의 대와 같고 흰색 버선에 협금화를 신었다. 지금은
결혼식 폐백을 드릴 때나 전통혼례를 할 때 신랑이 입는다.

| 참고 | **원삼(圓衫) 족두리**

전통혼례에서 신부가 대례복(大禮服)으로 입었던 옷이 원삼(圓衫)이며 머리에 쓴 것

을 족두리라고 한다.

원삼(圓衫)은 조선시대 부녀 예복으로 앞깃이 둥근 데에서 온 명칭으로 옆이 터져 있는 것이 특징이다. 무릎을 덮어 내리는 긴 길이에 앞길은 짧고 뒷길은 길다. 앞여 밈은 합임(合袵, 섶이 없이 서로 맞대어진 형태)이고, 양 옆길이 절개되어 있다.

비단이나 명주로 지으며 신부(新婦)나 궁중에서 내명부들이 입었는데 신분에 따라 색과 문양을 달리하였다.

족두리는 사부녀(士夫女)가 외출시 쓰는 관모로 고려후기부터 궁중에 들어와서 조선왕조 궁중양식으로 남았다. 관모(冠帽)라기보다는 장식용 수식(首飾)으로 일명 족아(簇兒), 족관(簇冠)이라고도 하였다.

검은 비단으로 만들어 아래는 둥글고 위는 여섯모 또는 여덟모로 하여 솜이 들어 있고 가운데는 비어 있다. 원(元)에서는 남녀모두 착용하였으며 특히 부녀 외출시 착용하였는데 고려에서는 예모(禮帽)로 쓰였다.

2. 현대식 혼례 절차

의혼(議婚)	결혼식(結婚式)	후례(後禮)
중매(仲媒) ⇩ 교세(交際) ⇩ 약혼(約婚)	개식(開式) ⇩ 양가 혼주 짐촉 ⇩ 신랑 신부 입장 ⇩ 신랑 신부 맞절 ⇩ 혼인서약 ⇩ 예물(禮物) 교환 ⇩ 성혼(成婚) 선언 ⇩ 주례사 ⇩ 양가(兩家) 대표 인사 ⇩ 신랑 신부 인사 ⇩ 신랑 신부 퇴장 ⇩ 폐식(閉式)	피로연(披露宴) ⇩ 신혼여행(新婚旅行)

현대식 혼례는 전통 혼례보다 절차가 간소화되어 전통 혼례의 의혼(議婚)과 후례(後禮)는 대폭 간소화되고 대례(大禮)에 해당하는 결혼식 중심으로 변모되었다.

이를 단계별로 살펴보면 다음과 같다.

✱ 의혼(議婚)

전통 혼례에서는 중매(仲媒)에 의하여 의혼이 시작되었다. 그리고 혼인을 결정하기 위해서 양가의 혼담이 진행되고 궁합과 선을 보았다.

오늘날에는 중매혼과 더불어 연애혼이나, 중매와 연애를 절충한 혼인도 행해지고 있다. 그러나 전통혼례와 달리 중매혼이라 하더라도 양가의 부모가 아닌 신랑과 신부가 맞선을 보고 혼인을 결정한다.

그리고 현대식 결혼에서는 약혼식을 하는 경우가 많은데 전통 혼례의 경우 신랑 집에서 사주(四柱)를 보내고 신부 집에서 이것을 받으면 혼인을 계약한 뜻을 지녔는데, 현대식 결혼에서는 양가 친척들이 모여 약혼식을 거행하고 있다.

가정의례준칙에서는 약혼식을 금지하고 있으며. 약혼서와 건강진단서의 교환으로 대신하도록 규정하고 있다.

| 참고 | 약혼식

초기에는 신부 집에서 약혼식을 하였으나 요즘에는 호텔이나 음식점 등에서 약혼식을 하고 있다. 약혼식은 양가 친척들이 처음 만나는 기회이기 때문에 중매인이나 양가를 잘 아는 사람이 사회를 본다.

사회자는 양가 친척을 소개하고, 신랑·신부를 소개한다. 그리고 예물(禮物)과 약혼서를 교환하고 약혼 케이크를 자르는 순으로 진행한다.

혼인이 결정되면 신랑 집에서 사주(四柱)를 보내고 신부 집에서 택일(擇日)을 하여 신랑 집에 보낸다. 사주와 택일은 전통혼례 방식을 따른다. 다만 택일은 양가의 사정을 고려해야 되기 때문에 사전에 충분히 상의하여 신부 집에서 결정한다.

택일이 되면 양가가 상의하여 예물(禮物)을 준비한다. 신부 집의 예물은 결혼식 전에 '함(函)보낸다' 하여, 신랑의 친구나 친척들이 짊어지고 신부 집에 전한다. 함 보내는 절차는 전통혼례의 납폐(納幣)에 해당한다.

| 참고 | **함(函)**

전통혼례에서 현대식 혼례로 바뀌는 엄청난 변화 속에서도 변치 않고 꾸준히 이어져오고 있는 전통혼례 의식이 "함"이라 할 수 있다.

전통혼례에서 함은 혼사를 허락해준 것에 대하여 감사의 마음을 담아 신랑 댁에서 신부 댁으로 보내는 예물로, 오방주머니, 채단(采緞), 혼서지(婚書紙)가 들어갔다.

오방주머니는 복(福)을 부른다는 의미로 사용하였는데 오방주머니에 고추씨(자손번창 의미), 목화씨(의복 및 침구로 추위를 이김), 조, 수수(찹쌀(찰떡같이 찰지고 가정화목)·팥(악귀를 쫓고, 해독)·콩(부귀함), 향나무조각(조상 섬김 향불) 등을 넣었다.

채단은 신부에게 보내는 청홍(靑紅) 옷감을 뜻하는 것으로, 청색 치맛감은 홍색 종이에 싸서 청색 명주실로 묶고, 홍색 치맛감은 청색 종이에 싸서 홍색 명주실에 묶었는데 이는 음양(陰陽)의 조화를 고려한 것이다. 이때 명주실은 신랑신부의 마음을 하나로 묶고 인생이 술술 풀린다는 의미로 매듭을 한 번에 풀 수 있도록 동심결로 매었다고 한다.

함에서 가장 중요한 것은 혼서지라 할 수 있는데 귀하게 키운 딸을 보내줘서 감사하다는 의미를 담고 있으며 신랑의 아버지나 집안에서 제일 높은 남자 어른이 직접 쓴 편지로 본처만이 받을 수 있다.

옛말에 '혼서지 있는 초가삼간과 혼서지 없는 고대광실의 안방' 중에서 전자를 택할 정도로 혼서지는 가장 중요한 품목이라 할 수 있다.

그 외에 사주(四柱)와 납채문(納采文, 정식으로 결혼을 신청하는 문서)을 홍색 보자기에 싸서 보냈다.

| 참고 | **청첩장**(請牒狀)

결혼 사실을 친지와 친구들에게 정식으로 알리는 것으로 가까운 친척과 지인들에만 보내는 것이 예의이다. 가정의례준칙상 인쇄물에 의한 청첩은 금지되어 있으며, 구두 전화 편지 등에 의한 통보는 인정되고 있다.

✱ 결혼식

현대식 결혼식은 예식장에서 주례(主禮)가 주관하여 예식을 행한다. 그러나 1960년 이전과 〈의례준칙〉이 발표된 1961년 이후의 결혼식에는 약간의 차이가 있다.

1960년 이전까지의 결혼식은 다음과 같다.

결혼식장 앞에는 신랑 측과 신부 측의 접수부가 따로 있고, 손님들은 축하금 (祝賀金) 또는 부조금(扶助金)을 접수부에 내고 식장에 들어가 앉는다.

정해진 시간이 되면 사회자의 진행에 따라 주례가 먼저 단(壇) 앞에 선다. 다음에는 신랑의 입장을 알린다. 신랑이 입장할 때는 신랑이 선두에 서고 뒤에 세 명의 들러리가 따른다.

신랑이 입장을 끝내면 신랑의 오른쪽에 들러리들이 일렬로 선다. 이어서 신부 입장을 알리면 결혼행진곡에 발을 맞추어 신부가 입장하는데, 이번에는 들러리가 앞에 서고 소녀 두 명이 신부 앞에서 꽃가루를 뿌려준다.

신부가 신랑 왼쪽에 서면 신부 들러리 세 명이 신부 왼쪽에 일렬로 선다. 꽃가루를 뿌려준 소녀 두 명은 신랑과 신부 앞에 선다.

다음에는 주례가 혼인을 선언하고, 혼서(婚書)를 읽는데 신랑은 신부를 아내로 맞아 백년해로할 것임에 대하여 대답을 듣고, 신부가 아내의 도리를 다할 것임에 대한 맹세를 얻은 뒤 이것을 축하객에게 공포한다. 이어 주례의 주례사와 내빈축사가 있다.

내빈축사는 명사·유지들이 결혼을 축하하는 것이지만 양가를 안배하여야 하며, 축사가 많으면 좋은 것이었다. 축사가 끝나면 축가가 있다. 이어서 신랑·신부의 맞절과 예물교환, 내빈에 대한 답례를 한다. 다음에는 신랑 측 대표가 내빈에게 감사의 말을 전하고 피로연에 참석할 것을 부탁한다.

결혼식이 끝나면 신랑·신부가 결혼행진곡에 발맞추어 퇴장을 하며, 이 때 오색종이와 테이프를 던지면서 결혼을 축하해준다. 행진이 끝나면 다시 앞으로 나와 기념사진을 찍는다.

1961년에 〈의례준칙〉이 선포되면서 혼례에 큰 변화가 생겼다. 〈의례준칙〉에 의해서 달라진 것 중의 하나가 예식장 입구에서 내빈에게 축하금을 받지 못하게 하고, 또한 답례품을 주지 못하게 한 것이다.

이것은 혼례와 직접적인 관계가 없을 뿐만 아니라 지나치게 상행위와 유사한 느낌을 주기 때문이다. 이에 따라 청첩장을 돌리는 행위도 금지되었다. 그러나 이러한 행위는 여전히 공공연히 행해지고 있다.

이 밖에도 혼례식에서 내빈축사를 일절 금하도록 하여, 축사는 주례의 주례 사에 한하기로 하였다. 그리고 축가와 들러리의 참석, 예물교환의 절차도 금하 였다.

이 결과 결혼식은 주례 임석, 양가 혼주의 점촉(點燭), 신랑과 신부 입장, 신랑·신부 맞절, 혼인서약, 성혼(成婚)선언, 주례사, 내빈에게 신랑·신부 인사, 결혼행진, 기념촬영 등의 순으로 진행된다.

✱ 후례

결혼식이 끝나면 피로연(披露宴)에 참석하고 신혼여행을 다녀온다.

피로연이 끝나면 신랑·신부는 조용히 첫날밤을 지낼 수 있는 곳으로 여행을 떠난다. 보통 3, 4일의 신혼여행을 하고 돌아오면 신부 집에서 하룻밤을 자고 신랑 집으로 가서 폐백(幣帛)을 한다.

요즘은 신랑 집에서 폐백을 하지 않고, 예식장 폐백실에서 시부모와 시댁 친지들에게 첫인사를 드리는 경우가 대부분이다.

예복으로 차려 입은 신랑과 신부가 시부모에게 큰절을 드리면, 시부모는 신부의 치마에 대추를 한 움큼 던져 준다. 이는 아들을 낳으라는 기원의 표현이다.

시부모에게 절을 올린 뒤에는 시조부모 백(伯)부모에게 차례로 절을 올리고 같은 항렬(行列)의 친지들과는 맞절을 한다.

개 식　　　　　사회자가 결혼식의 시작을 선언한다.

신랑 입장　　　점잖게 앞으로 걸어 나간 신랑이 주례에게 인사를 한 뒤 돌아선다.

신부 입장　　　결혼 행진곡에 맞춰 신부가 보호자 인도를 받으며 천천히 입장한다.

신랑 신부 맞절　사랑과 존경의 마음으로 정중하게 인사한다.

혼인서약　　　주례의 혼인서약(婚姻誓約) : 낭독에 신랑 신부는 "예"하고 분명하
　　　　　　　　게 대답한다.

＊ 혼인서약 : 신랑 ○○○군과 신부 ○○○양은 어떠한 경우라도 항상 서로 사랑하고 존
　중하며 어른을 공경하고 진실한 남편과 아내로서 도리를 다할 것을 맹세합니까?

예물 교환　　　신부가 들고 있던 꽃다발을 주례 책상위에 올려 놓고 장갑을 벗
　　　　　　　　은 뒤 신랑은 신부에게 반지를 끼워 준다.

성혼 선언　　　주례는 결혼의 원만한 성립을 선포한다.

＊ 성혼선언문(成婚宣言文) : 그 일가친척과 친지를 모신 자리에서 일생동안 고락을 함께할
　부부가 되기를 굳게 맹세하였습니다. 이에 주례는 이 혼인이 원만하게 이루어진 것을
　여러분 앞에 엄숙하게 선언합니다.

주례사　　　　결혼을 축복하면서 두 사람의 결혼생활에 보탬이 될 내용을 간결
　　　　　　　　하게 들려준다.

양가 대표 인사　내빈에게 감사의 인사를 드린다.

신랑 신부 인사　내빈에게 감사의 마음으로 정중하게 인사를 하고 하객들은 축하
　　　　　　　　박수를 보낸다.

신랑 신부 퇴장   두 사람이 천천히 출구까지 걸어 나간다.

폐 식   사회자가 결혼식 끝남을 알리고 이어 기념촬영에 들어간다.

|참고| 혼인 신고

혼인신고는 두 사람이 합법적인 부부임을 서류로 작성하여 공인받는 법률적인 절차이다.

민법 제 812조에 의하면, 호적법에 정하는 바에 의해 신고함으로써 혼인의 효력이 발생하며, 신고는 당사자 두 사람과 성인 두 사람의 증인이 연서한 서면(書面)으로 해야 한다고 되어 있다.

혼인신고는 신랑의 본적지인 시(구청)·읍·면 호적계에 제출하거나 발송한다.

종교식 혼례절차

宗教式 婚禮節次

종교식宗敎式 혼례 절차

    종교의식에 따른 결혼식은 불교식 혼례, 천주교식 혼례, 기독교식 혼례 등이 있는데, 종교 고유의 의식을 제외하면 현대식 결혼식과 그 절차는 거의 동일하다.

불교(佛教)	천주교(天主教)	기독교(基督教)
개식(開式) ⇩ 양가 혼주 점촉 ⇩ 법사스님 등단 ⇩ 신랑 신부 입당 ⇩ 분향 배례 ⇩ 신랑 신부 진배 ⇩ 고유문(告由文) 낭독 ⇩ 신랑 신부 맞절 ⇩ 헌화(獻花)·분향(焚香) ⇩ 염주(念珠) 수여 ⇩ 예물(禮物) 교환 ⇩ 유고(諭告, 주례사) ⇩ 성혼(成婚) 선언 ⇩ 양가(兩家) 대표 인사 ⇩ 신랑 신부 퇴장 ⇩ 폐식(閉式)	개식(開式) ⇩ 촛불 점화 ⇩ 주례 사제 입장 ⇩ 신랑 신부 입장 ⇩ 주례 사제 인사 ⇩ 시작 기도 ⇩ 성경 봉독 ⇩ 강론(講論) ⇩ 혼인 서약 ⇩ 반지 축성(祝聖) ⇩ 예물(禮物) 교환 ⇩ 성혼(成婚) 선언 ⇩ 천주교 성찬례(聖餐禮) ⇩ 신랑 신부 퇴장 ⇩ 폐식(閉式)	개식(開式) ⇩ 주례 목사 등단 ⇩ 신랑 신부 입장 ⇩ 예배 : 성경 낭독 및 기도 ⇩ 혼인 서약 ⇩ 예물(禮物) 교환 ⇩ 성혼(成婚) 선언 ⇩ 축사(祝辭, 주례사) ⇩ 축가(祝歌) ⇩ 찬송가 ⇩ 축복 기도 ⇩ 양가(兩家) 대표 인사 ⇩ 신랑 신부 인사 및 퇴장 ⇩ 폐식(閉式)

1. 불교식 혼례

불교식 혼례는 화혼식(花婚式)이라 하며, 사찰의 본당인 대웅전에서 예식을 치르며 주례는 법사(法師)스님 혹은 사혼자(司婚者)라 하며 혼례를 주관한다.

불단(佛壇, 부처님 좌상이 있는 곳) 앞에 향로와 향촉을 놓고 그 뒤에는 주례 법사스님이 자리하고 그 뒤에 신랑 신부 자리가 있고 그 옆이 양가 부모의 자리가 된다. 그리고 신랑 신부의 뒤는 내빈과 하객들이 자리한다.

사찰이나 주례 법사스님에 따라 식순은 조금씩 다르나, 불교식 결혼식의 일반적인 예식 순서는 다음과 같다.

1. 개식(開式)
종을 5번 쳐서 예식의 시작을 알린다.

2. 양가 혼주 점촉
양가의 대표가 나와 불단(佛壇)에 마련한 초에 불을 밝힌다.

3. 법사스님 등단
화동 화녀의 안내로 법사스님이 등단한다.

4. 신랑 신부 입당
화동 화녀의 안내로 신랑 신부가 법당(대웅전)에 입당한다.

5. 분향(焚香) 배례(拜禮)
두 사람의 혼인을 부처님께 아뢰고 가호를 비는 의례로 법사스님이 향을 피우고, 불전에 세 번 절하고 독경(삼귀의례)한다.

6. 신랑 신부 진배(進拜)

신랑 신부는 부처님전에 삼배(三拜)를 올린다.

7. 고유문 낭독

법사스님이 고유문(告由文)을 낭독한다.

* 고유문 : 전생의 인연으로 두 사람이 화혼을 하게 됨을 부처님과 조상에게 알리는 경문
으로 경백(敬白文)이라고도 한다.

8. 신랑 신부 맞절

서로 마주 보고 서서 반절(허리를 약간 굽혀 절하는 것)을 한다.

9. 헌화(獻花)ㆍ분향(焚香)

신랑은 다섯 가지의 꽃(五枝花)을 신부는 두 가지의 꽃(二枝花)을 부처님에게 바친
다. 신랑이 주례인 법사스님에게 꽃을 건네면 법사스님이 받아 부처님 탁자의
동쪽에 놓고, 신부가 꽃을 건네면 법사스님이 받아 서쪽에 놓는다.

헌화가 끝나면 신랑 신부가 부처님 전에 향을 사룬다.

10. 염주(念珠) 수여, 예물 교환

불전(佛殿)에 바쳤던 염주를 수종 드는 스님이 법사스님에게 건네면, 흐니술이
달린 염주는 신랑에게 주고, 붉은 술이 달린 염주는 신부에게 건네준다. 이는
천주교나 기독교의 반지 교환과 의미가 같다.

염주 수여대신 혹은 염주수여가 끝난 후 신랑 신부가 준비한 예물을 교환한다.

11. 유고(諭告) 및 성혼(成婚) 선언

법사스님의 주례사, 법사스님이 신랑 신부에게 결혼생활 관련 훈시를 하며 신랑신부는 묻는 말에 반절로 답한다. 유고가 끝나면 성혼 선언을 한다.

12. 찬불가

예식에 참석한 불자는 찬불가를 부른다.

13. 내빈 축사

예식에 참석한 하객 중 치분이 있는 분이 한다.

14. 양가 대표 인사

양가의 대표가 하객에게 감사의 인사를 한다.

15. 독 경

법사스님이 반야심경 사홍서원 등을 독경한다.

16. 신랑 신부 퇴장

17. 폐식

2. 천주교식 혼례

천주교(天主敎)에서는 성당에서 사제(司祭)가 주례가 되어 혼배성사(婚配聖事, 혼배미사)를 치른다. 신랑 신부가 모두 천주교 신자여야 하며 둘 중 한 사람이 신자가 아닐 경우 혼례에 앞서 세례를 받아야 한다.

혼배미사는 신부(神父)가 혼인하는 부부에게 축복(祝福)을 비는 특별 미사로 일반 미사와 비슷하지만 반지 축성(祝聖)과 예물 교환 등 혼인서약에 필요한 절차 등을 진행한다.

일반 미사의 중간에 신부(神父)는 혼배에 필요한 교서(敎書)를 읽어 신랑 · 신부를 축성(祝聖)하고, 신랑 · 신부가 천주(天主)의 자녀로서 성가정(聖家庭)을 이룩할 것을 신께 맹세하게 된다.

그 뒤 축성된 반지 즉, 혼배반지를 교환하고, 신랑과 신부의 손을 포개어놓고 신의 축복을 내려준다. 그리고 영성체(領聖體)로 이어지는 미사를 끝으로 혼례는 완료된다.

| 참고 | **축복**(祝福, 강복, Bendictio)

사람이나 물건을 하느님의 이름으로 복을 빌어 주는 것.

| 참고 | **축성**(祝聖, Consecratio)

사람이나 물건을 하느님께 봉헌하여 성스럽게 하는 것.

영성체(領聖體, eucharistia)

성찬(聖餐), 성체(聖體)라고도 부른다. 신약성서에 따르면 그리스도께서는 돌아가시기 전날 밤 예루살렘에서 열두 제자들과 함께 최후의 만찬을 가졌다. 그때 빵과 포도주를 가지고 자기를 십자가에 의한 희생으로 미리 바치면서 이를 기념하여 의식을 거행하도록 제자들에게 말씀하셨다. 이에 초대교회에서는 빵을 떼어 나누는 의식을 행하였으며, 그 후 미사성제(聖祭)라는 형태로 발전하여 오늘에 이르렀다.

천주교 교리에 의하면 빵과 포도주라는 두 형색(形色)의 바탕에는 그리스도의 살과 피가 실체로 변화하여 바로 그 성체(聖體) 안에 현존하며, 미사성제 중에 그리스도 자신이 희생의 제물로서 성부께 바쳐지게 되는데, 신자들은 이 성체를 배령(拜領)함으로써 그리스도와 일치하는 은총(恩寵)을 받게 된다고 한다. 이처럼 성체를 배령하는 것을 영성체(領聖體)라고 한다.

성당이나 주례 사제(司祭)에 따라 식순은 조금씩 다르나, 천주교식 결혼식의 일반적인 예식 순서는 다음과 같다.

1. 개식(開式)

2. 촛불 점화

예식을 위한 초가 제대(祭臺, 미사의 중심이 되는 곳)에 놓여 있으므로 다른 예식이나 기독교식 결혼식에서는 양가 어머니가 켜지만 천주교식 결혼식에서는 주례 사제가 정해 주는 이가 켜는데 일반적으로는 복사(服事, 사제를 도와서 시중드는 이)가 켠다.

3. 주례 사제 입장

주례 사제가 예복을 갖추고 복사단과 함께 제단으로 입장한다. 이 때 참석자는 모두 일어선다.

4. 신랑 신부 입장

5. 주례 사제 인사

주례 사제는 예식의 주인공인 신랑과 신부를 소개하는 인사를 한다.

6. 시작 기도

신랑 신부를 위해 주례 사제는 이 예식에 하느님께서 함께 해 주시도록 청하는 기도를 올린다.

7. 성경 봉독

신자가 봉독하는 제 1독서(창세기 1 : 26 ~ 31), 제 2독서(고린도 전서) 사제가 봉독하는 복음(마태오 19 : 1 ~ 12)

8. 강론

주례사제는 신랑 신부에게 성경을 인용한 교훈의 말씀을 해 준다.

9. 혼인 서약

신랑 신부는 하느님께 두 사람의 사랑을 서약하며 각자 타의가 아닌 자의로 혼인하는 것임을 서약한다. 이 때 신랑 신부의 증인이 함께 한다.

10. 반지 축성(祝聖)

반지는 신랑 신부가 모양과 재질이 똑같은 것으로 하는데, 이는 신랑 신부가 서로 평등하다는 의미이며, 주례사제가 축성한다.

11. 예물(禮物) 교환

신랑 신부는 주례사제가 축성한 반지를 서로 교환하며, "사랑과 신의의 표지로 예물을 교환합니다."라는 말과 함께 주례사제와 하객이 보는 앞에서 서로 서약한다.

12. 성혼(成婚) 선언

주례 사제는 "이제 둘이 아니라 한 몸입니다. 하느님께서 맺어 주신 것을 사람이 갈라놓아서는 안 될 것입니다."라며 하객이 보는 앞에서 정식 부부가 되었음을 선언한다.

13. 천주교 성찬례(聖餐禮)

봉헌기도, 감사송, 영성체송, 영성체후 기도, 강복(降福)

천주교 신자들의 고유 전례로 최후 만찬을 의미하는 예식이다. 신랑 신부와 천주교에서 세례를 받은 신자들이 참석한다.

14. 신랑 신부 퇴장

15. 폐식(閉式)

3. 기독교식 혼례

기독교 결혼식도 천주교와 유사하게 혼례예배(婚禮禮拜)를 올린다. 기독교식 예식은 하나님으로부터 선택된 두 사람이 하나님을 향해 올리는 맹세라는 점에 의의를 둔다.

기독교 예식은 보통 사회자 없이 목사가 사회와 주례를 겸해 예배의 순서를 진행해나가는데 하나님께 신랑·신부가 결혼을 맹세하고, 하나님의 은총을 비는 목사의 기도와 성가정을 위한 목사의 축복이 있고 결혼예물 교환, 혼인서약과, 혼인축하 찬송과 기도, 설교 등으로 예식이 진행된다.

교회나 주례 목사에 따라 식순은 조금씩 다르나, 기독교식 결혼식의 일반적인 예식 순서는 다음과 같다.

1. 개식(開式)

2. 주례 목사 등단
주례인 목사(牧師)가 등단한다.

3. 신랑 신부 입장
신랑이 먼저 입장하고 신부는 아버지와 함께 결혼 행진곡에 맞춰 입장한다.

4. 예배 : 성경 낭독 및 기도
목사의 주도에 의하여 찬송가, 기도, 성경 낭독, 성가대 찬양 등 결혼과 관련된 예배의식이 진행된다.

5. 혼인 서약

목사는 신랑을 향해 "당신은 이 신부를 아내로 맞이하여 하나님에 뜻에 따라 평생 굳게 절개를 지킬 것을 맹세 합니까?" 하고 묻는다. 신랑은 이에 대답한다. 신부에게도 동일한 서약을 받는다.

6. 예물(禮物) 교환

준비된 결혼반지, 시계 등 예물을 교환한다. 교회 결혼식에서는 반지의 교환을 중요한 의식으로 삼는다.

7. 성혼(成婚) 선언

예물 교환이 끝나면 목사는 두 사람의 손을 잡게 하고 그 위에 자기 손을 얹고 결혼이 원만하게 이루어진 것을 감사드리는 기도를 드린 다음 신랑 신부를 참석자 쪽으로 향하게 하고 하나님 앞에서 두 사람의 결혼이 성립되었음을 선언한다.

8. 축사(祝辭) : 주례사

9. 축가(祝歌)

결혼을 축하하는 성가를 부른다.

10. 찬송가

모두 함께 부를 수 있는 찬송가를 부른다.

11. 축복기도

모두 자리에서 일어나서 축복 기도를 드린다.

12. 양가 대표 인사

양가의 대표가 내빈에게 감사의 인사를 올리고 안내사항을 알린다.

13. 신랑 신부 인사 및 퇴장

신랑 신부가 내빈께 인사를 하고 출구까지 행진한다.

14. 폐식(閉式)

웨딩 시장
현황 및 문제점

웨딩 시장 현황 및 문제점

1. 개 요

결혼비용 1억원~2억원 소요
웨딩시장 20조원 상회

경제적인 이유와 사회적인 이유 등으로 인해 결혼이 늦어지고 있다. 요즘 우리나라는 결혼 비용이 억대를 호가하고, 세계 어느 나라보다 결혼 비용이 높은 것으로 나타나고 있다.

주택마련비용을 제외한 결혼비용은 6,000여 만에 달하고 한해 30여만 쌍이 결혼을 하고 있어 국내 웨딩산업 규모는 20조원을 넘는 것으로 추정되고 있다.

여성가족부의 '2010년 제 2차 가족실태조사'에 평균 1억 1,014만(남자 평균 8,078만원, 여자 2,936만원)이 들었으며 이중 신혼집 마련비용이 6,977만원이고, 예물 혼수 결혼식 등에 4,037만원이 든 것으로 나타나 있다.

일부 언론 보도에 따르면 2012년 기준 결혼비용이 2억원에 달하고 이중 1억 4,000만원이 신혼집 마련비용이고, 나머지 6,000만원이 예물 혼수 결혼식 등에 사용되는 것으로 나타나고 있다.

이러한 과다한 결혼비용은 물가상승에 따른 주택구입비 상승과 더불어 과시성향의 소비심리가 주요 요인이라 할 수 있다.

웨딩 업체들의 허영심을 이용한 마케팅과 과다한 예식장 비용 등 관련 웨딩 서비스들의 가격 거품이 커지는 것도 문제로 떠오르고 있다.

2. 웨딩관련 산업, 결혼문화 주도

90년대 후반이후 웨딩 관련 산업들은 크게 성장하면서 결혼문화를 주도하고 있다.

현재 웨딩컨설팅업체와 토털웨딩업체는 서로 제휴를 맺고 고객을 끌어주는 공생관계에 있으며, 결혼정보업체는 웨딩시장에 데이터베이스(database)를 지원하는 기능을 하고 있는 형태로 시장 구도가 형성되어 있다.

처음 결혼을 준비하는 예비 신랑신부들은 결혼 준비과정과 혼례에 대한 전문적인 정보와 시간 부족 등으로 인해 전문 컨설팅 업체에 대한 의존도가 높아지고 있어, 결혼문화는 결혼정보회사 웨딩컨설팅업체 토털웨딩업체 등 전문 웨딩업체가 주도하고 있다.

웨딩컨설팅 업체를 통해 결혼을 준비하는 예비부부들이 늘어나면서 웨딩관련 업체들이 모여 서비스와 가격 비교가 편리한 웨딩박람회가 예비부부들의 각광을 받고 있다.

또한 상조업체에서도 웨딩 시장에 진출하여 서비스를 제공하고 있는데 상조업체의 경우 컨설팅 업체와 마찬가지로 결혼식에 필요한 제반 사항을 전문 인력이 직접 조율해줘 시간을 절약할 수 있는데다, 매월 일정한 불입금으로 물가 인상에 상관없이 계약 당시의 금액으로 예식을 치를 수 있어 비용을 절감할 수 있는 장점이 있다.

업계에서는 2010년 말 기준으로 서울의 800여개의 업체를 중심으로 전국에 2,000여개의 웨딩컨설팅 업체가 활동하고 있으며, 매출액은 1,000억원에 달하는 것으로 추산하고 있다.

3. 웨딩컨설팅과 웨딩 플래너

해마다 30여만 쌍이 결혼을 하고 있다. 결혼을 앞둔 예비부부들은 보통 5~6개월 전부터 결혼 준비를 시작하는데 예전에는 결혼 준비 1순위는 예식장을 정하는 것이었지만, 최근에는 낯설고 힘든 결혼 준비를 도와주는 웨딩컨설팅 업체 선정이 1순위가 되었다.

웨딩 컨설팅(Wedding consulting)은 예비부부와 웨딩관련 업체들을 연결해 주고 '중개 수수료'를 받는 일종의 중개업으로 인허가나 특별한 규제 등 진입장벽이 없어 경쟁이 치열하다.

컨설팅 업체들은 결혼에 필요한 상품과 서비스를 패키지화하여 제공하는 것으로, 사진 촬영을 해주는 스튜디오와 결혼식과 촬영 때 입을 드레스와 턱시도, 그리고 메이크업(화장)이 가장 중요한 패키지로 소위 '스드메'로 불린다.

컨설팅 업체는 예비부부가 스튜디오, 드레스, 헤어ㆍ메이크업 비 등을 컨설팅 업체에 지급하면 '중개 수수료'를 제외한 나머지 금액을 협력업체에 주는데, 이 중개 수수료가 웨딩컨설팅 업체의 주 수익원이다.

예비부부들을 대신하여 복잡한 결혼준비를 해주는 직업을 '웨딩 플래너(Wedding Planner)'라 하며 대부분 웨딩 컨설팅 회사에 소속되어 있으며, 일부는 프리랜서로 활동하는 경우도 있다.

웨딩 플래너는 결혼에 관한 모든 것을 준비하고 신랑 신부의 스케줄 관리와 각종 절차·예산 등을 기획, 대행해 주는 전문 직종으로 결혼관리사·웨딩 PD·웨딩코디네이터·웨딩컨설턴트라고도 한다.

컨설팅 업체들은 드레스·스튜디오 촬영·메이크업·헤어 업체 등과 제휴를 맺어 개인이 접촉할 때보다 20~30%정도 저렴하다. 또 경험이 풍부한 웨딩플래너가 예비부부들의 경제력과 취향 등을 고려하여 업체와 서비스 등을 정해주므로 시행착오를 줄이고 품질 대비 가격 만족도를 높일 수 있다.

컨설팅 상위 업체들의 경우 웨딩플래너가 100명이 넘고, 웨딩 사진 촬영 스튜디오, 드레스샵, 헤어·메이크업 협력업체가 100여 곳이 넘으며, 고객의 서비스 만족도를 높이기 위해 설문조사·평가 등을 통해 일정 기준에 미달하는 업체는 협력업체에서 제외하는 등 협력업체의 서비스를 관리하고 있다.

또한 결혼 준비과정에서 웨딩플래너의 다양한 도움을 받을 수 있다. 스튜디오에서의 촬영이나 드레스샵에서 문제가 생겼을 때 플래너에게 조정을 요청하고 도움을 받을 수 있으며, 필요시 예식장 선택부터 주례·부케·웨딩연주·폐백·예복·예물·신혼여행을 비롯해 혼수용품 구입까지 추가로 의뢰할 수 있다.

| 참고 | **웨딩 플래너의 주요 업무**

결혼 스케줄 관리 및 진행
결혼 관련 소요비용 편성 및 기획
예식장 선정 및 예약, 예식 형태 선정 및 연출
웨딩드레스·신부화장·부케 및 야외촬영 상담 예약

혼수 · 가구 · 예물관련 정보 제공, 혼수용품 구매 대행 및 알선

신혼여행관련 정보 제공 및 자문

기타 결혼과 관련한 상담 자문 등

|참고| **웨딩플래너 취업과 창업**

웨딩플래너의 경우 특별한 자격조건은 없지만, 관련 학과를 졸업하거나 관련 업종에 근무경험이 있어 결혼의 제반사항에 대하여 노하우가 있는 사람이 유리하다. 무경험자는 웨딩플래너 교육을 받으면 된다.

웨딩플래너는 예비 신부를 상대하는 만큼 여성들에게 유망 직종으로 사랑받고 있어, 적극적이고 능동적인 성격과 대화 능력을 갖추고 있으면 여성 전문직으로 도전해 볼 만하다.

웨딩컨설팅 회사에 취업하거나 프리랜서로 일하는 방법, 자기 자본으로 창업하는 방법 등이 있는데 회사에 취업하여 충분한 실무경력과 노하우를 쌓은 후에 프리랜서로 전향하거나 창업을 하는 것이 현명하다. 웨딩플래너의 경우 대부분 성과급이며, 성수기와 비수기의 수입차이가 많이 난다.

4. 웨딩컨설팅 현황

예비 부부 60%~70%가 웨딩컨설팅 이용

전국 2,000여개에 달하는 웨딩컨설팅업체와 플래너들은 결혼에 필요한 상품

과 서비스를 결합한 패키지 상품과 협력사들을 통한 할인혜택 등을 제공, 예비부부들이 시간과 비용을 절약할 수 있어 이용이 늘어나고 있는데, 60%~70%가 웨딩컨설팅 업체를 이용하고 있는 것으로 알려져 있다.

예비부부들이 컨설팅 업체를 이용하면 발품을 팔지 않고 웨딩컨설팅 업체가 보유한 협력업체 중에서 소비자 취향에 적합한 업체의 상품과 서비스를 선택하면 되므로 시간과 비용을 절감하게 된다.

컨설팅 상위 업체들의 경우 웨딩 사진 촬영 스튜디오, 드레스샵, 헤어 · 메이크업 협력업체가 100여 곳이 넘는 것으로 알려져 있으며, 고객의 서비스 만족도를 높이기 위해 설문조사 평가 등을 통해 일정기준에 미달하면 협력업체에서 제외하는 등 관리하고 있다.

예비부부가 컨설팅업체를 방문해 상담하면, 플래너가 예산 범위와 취향 등을 고려하여 예식 장소 · 계절 · 라이프스타일 · 성격 등에 맞추어 상품을 구성해준다.

상품을 결정한 후에는 스케줄을 잡아 예비 커플이 드레스샵과 스튜디오를 방문하면 된다. 필요할 경우 드레스 고를 때, 스튜디오 촬영 준비할 때, 결혼 당일 예식을 준비할 때 등에 플래너가 동행한다.

웨딩컨설팅은 웨딩사진촬영을 하는 스튜디오와 신부 드레스와 턱시도 등 결혼예복, 신랑신부 화장 등 소위 스드메를 패키지로 묶어서 250만~350만원 정도를 받고 있는데, 실제 이들 패키지를 이용할 경우 예비부부들이 발품을 팔아 물품을 각각 따로 구매하는 값보다 훨씬 저렴하게 결혼식을 치를 수 있다.

이는 도매시장과 소매시장의 가격이 다른 것처럼, 웨딩 업체들 간에 거래하는 가격과 신랑신부들이 직접 찾아가서 거래하는 가격이 다르기 때문에 일반적으로 웨딩컨설팅 업체를 이용하는 것이 비용이 저렴하고 서비스에 대한 정보나 상담을 받을 수 있는 장점이 있다.

스튜디오 드레스샵 메이크업 업체 등에서는 많은 고객을 보유한 컨설팅 업체와 협력하는 것이 이익이기 때문에, 개별적으로 찾아오는 고객보다 컨설팅 업체를 통해 오는 고객에게 저렴한 가격으로 상품과 서비스를 제공하고 있다.

즉 웨딩컨설팅 업체에서 'A스튜디오, B드레스, C메이크업을 합쳐 총 350만원'의 견적을 받았디면, 예비부부가 각각의 업체에 개인적으로 가서 견적을 받으면 'A스튜디오 150만원, B드레스 200만원, C메이크업 120만원을 합쳐 총 470만원'으로 120만원이 비싸다.

그러나 일부 컨설팅 업체에서 각종 옵션 등으로 추가 금액이 발생하여 비용이 비싸지는 경우도 많은 만큼 여러 컨설팅업체를 방문하여 구체적인 물품과 서비스 내역 등을 꼼꼼하게 점검하고 비교한 후 결정하는 것이 좋다.

그리고 비슷한 스튜디오와 드레스, 메이크업을 선택해 상품을 구성했는데도 컨설팅 업체마다 제시하는 가격이 다른 경우도 많으니 반드시 여러 업체를 비교해보고 자신에게 맞는 업체와 서비스를 선택하는 것이 현명하다.

웨딩컨설팅 업체를 통해 결혼을 준비하는 예비부부들이 늘어나면서 여러 웨딩 업체들이 한데 모여 서비스와 가격 비교가 편리한 웨딩박람회는 시간과 비용을 아낄 수 있어 예비부부들의 각광을 받고 있다.

웨딩박람회는 결혼을 준비하거나 정보를 얻으려는 예비부부들로 붐비고 업체들은 예비부부들의 마음을 잡기 위해 사은품 행사를 하거나 다양한 이벤트

등을 하고 있다.

또한 상조업체에서도 웨딩 시장에 진출하여 서비스를 제공하고 있는데 상조업체의 경우 컨설팅 업체와 마찬가지로 결혼식에 필요한 제반 사항을 전문 인력이 직접 조율해줘 시간을 절약할 수 있는데다, 매월 일정한 불입금으로 물가인상에 상관없이 계약 당시의 금액으로 예식을 치를 수 있어 비용을 절감할 수 있는 장점이 있다.

5. 웨딩 시장 문제점

웨딩컨설팅 업체들이 결혼문화와 웨딩 시장을 주도하면서 시간 비용 절감 등 긍정적인 측면과 더불어 가격거품과 끼워 팔기 횡포 등 부정적인 측면도 많이 드러나고 있다.

결혼 준비를 컨설팅 업체에 맡겼다가 피해를 보았다는 예비부부들이 늘고 있는데 대부분 컨설팅업체들과 계약서에 구체적인 내용을 담지 않아 낭패를 보는 경우가 많다. 따라서 계약시 제공 상품과 서비스를 상세하게 표시하고 업체의 설명과 약속을 자세하게 기록으로 남겨야 피해를 줄일 수 있다.

결혼과정에서 발생하는 분쟁과 문제점들을 구체적으로 살펴보면 다음과 같다.

□ 업체 · 일정 변경, 해약거부 등 횡포

해약 "안 돼", 일정변경 땐 "추가요금" 등 횡포

소비자원에 1,411건의 소비자불만 접수(2011년 기준)

웨딩컨설팅의 경우 사진촬영·드레스·메이크업을 패키지로 하여 250~350만원 수준에서 계약하는 경우가 많은데, 담당 플래너가 업체와 일정을 일방적으로 바꾸는 경우가 있으며, 계약해지를 요구해도 받아들여지지 않는 경우가 많다.

또한 예비부부가 개인적인 사정으로 인해 일정 변경을 요구할 경우 일정 변경이 어렵거나 위약금을 물어야 하는 경우가 많아 불만을 사고 있다.

피해를 입은 예비부부들이 한국소비자원을 찾아 구제를 호소할 경우 소비자원이 해당 업체에 중재를 요청하고 있으나 강제력이 없어 피해를 보상받지 못하고 있다.

소비자원은 웨딩 컨설팅 업체에 대한 불만이 잇따라 제기되자 2011년부터 예식장 대여 등 '예식업'과 구분해 따로 통계를 내고 있는데 2011년의 경우 1414건의 소비자 불만이 접수됐는데, 컨설팅업체가 약속을 지키지 않으면서 계약해지를 거부하는 피해 사례가 전체의 절반이 넘고 있다고 한다.

□ 정찰제 없어 가격 거품과 끼워 팔기 옵션 등 질서 문란

컨설팅 업체의 소위 스드메 상품을 패키지로 구매했다고 하더라도 업체들마다 각종 옵션 등으로 추가요금을 지불하는 경우가 많아 불만이 제기되고 있다.

결혼 앨범의 경우, 사진을 고르는 셀렉비, 보정비 등의 옵션을 추가 할 수밖에 없고, 웨딩드레스는 입어보기만 해도 피팅비를 지불해야하는 경우도 있다.

✳ 일례로 스튜디오 촬영의 경우 100만원의 비용으로 4~5시간 동안 300백장 정도의 사진을 촬영해 앨범과 액자를 만드는데, 마음에 드는 사진을 고르기 위해서는 소위 '셀렉비'라며 별도의 비용을 요구하며, 이를 지불하지 않을 경우 앨범의 완성도가 낮아져 어쩔 수 없이 지불하게 되는 경우가 많은 것이 현실이다.

이는 패키지 비용의 30~50%가 수수료 명목으로 컨설팅업체와 플래너들에게 돌아가기 때문에 발생하는 것으로, 플래너들의 경우 스드메 패키지에서 통상적으로 100~150만원 정도의 수입이 발생하고, 웨딩홀과 예물 예단업체들에게 소개비 명목으로 리베이트를 받기 때문이다.

특히 계약건수가 많은 컨설팅업체의 경우, 납품가는 더욱 낮아지고 컨설팅회사의 수익이 높아지는 구조로 인해 컨설팅업체를 통해 제공되는 상품과 서비스의 품질이 낮을 수밖에 없는 원인으로 작용하고 있다.

따라서 컨설팅업체 고객의 경우 수지타산이 맞지 않아 질이 떨어지는 상품이나 서비스를 제공하거나 각종 옵션 등으로 추가비용을 요구하게 된다.

✳ 일례로 신부들이 가장 중시하는 웨딩드레스의 경우 웨딩컨설팅 상품을 구매한 고객에게는 만들어진 지 오래되었거나 질이 떨어지는 제품을 제공하며, 신상품이나 유행하는 상품을 요구할 경우 옵션으로 추가비용을 요구하고 있다.

□ 예식장 보증인원 제도 및 끼워 팔기 옵션 등 문제점

결혼에 필수적인 예식장의 경우 가장 문제가 되는 것은 하객이 몇 명이 오든 관계없이 최소 인원을 몇 백 명이라고 정해놓고 식사대를 청구하는 '보증인원 제도'라 할 수 있다.

결혼식장 비용은 무료라 하고, 이를 식사대에서 청구하는 방식으로, 식권조 작과 부실한 주방의 위생상태 등도 문제점으로 지적되고 있다.

또한 꽃 장식을 비롯해 현악사중주, 사회자 등 가종 '끼워 팔기 옵션'으로 인해 막대한 추가비용을 지불하게 된다.

호텔을 비롯한 대부분의 결혼식장에서는 직영 꽃집 혹은 지정한 꽃집을 이용하도록 강제하고 웨딩케익과 음료 및 폐백음식까지 필수사항으로 묶어 고가에 끼워 팔기를 하고 있는 것으로 보도되고 있다.

□ 신혼여행 피해사례

신혼여행의 경우 여행 일정이 계약과 다르거나, 과도한 쇼핑센터 방문 및 강매, 그리고 여행대금만 받고 여행사가 잠적하는 경우 등 소비자들의 피해와 불만이 늘어나고 있다.

그리고 신혼 여행지의 장소, 일정, 항공기, 숙소가 동일해도 여행사마다 가격이 다른 것도 문제점으로 지적되고 있다.

□ 표준약관 정비 등 제도 미흡

이러한 소비자 피해와 불만은 표준 약관이 없는 등 제도가 정비돼 있지 않는 것도 원인으로 작용하고 있다.

공정거래위원회는 예식업에 대해서는 2001년 표준 약관을 공시했으나 웨딩컨설팅의 경우 별도로 표준 약관을 정하지 않고 있다. 또한 웨딩컨설팅 업종이 일반 서비스업에서 별도로 구분되어 있지 않아 정확한 실태 파악이 어려운 상태다.

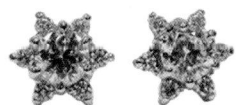

신선하고
간소한 웨딩

신선하고 간소한 웨딩

1. 개 요

지금 우리 결혼문화는 상부상조의 아름다운 전통은 잃어버리고 체면과 허영에 휘둘려 호화결혼식과 무리한 예단 등으로 가정불화를 빚는 등 많은 문제점을 낳고 있다.

비싼 비용을 들여 시간에 쫓기듯 판에 박힌 듯한 결혼식을 하는 지금의 일반적인 결혼문화가 바뀌어야 한다.

예비 신랑 신부 얼굴도 모르는 하객이 청첩장을 받고 봉투를 들고 와 접수를 마치고는 결혼식장에는 들르는 둥 마는 둥 허둥지둥 식당에 가서 밥 먹고 돌아가는 촌극이 되풀이되어서는 아니 된다.

체면과 허영에 휘둘려 무리한 결혼식을 하기보다는 키워준 부모님들에게 감사하고 자신들의 힘으로 결혼식을 준비하고 가까운 친지들과 기억에 남는 시간을 가지는 현명함이 필요하다.

현명한 웨딩은 판에 박힌 결혼식이 아니라 예비부부의 특성을 살린 개성 있는 결혼식으로, 양가 부모들과 자신들의 경제수준에 맞는 알뜰하고 검소한 결혼식이어야 한다.

허영과 과시가 아닌 감사와 추억의 의례가 되어야 하며 나를 돌아보고 부모님을 비롯한 친지 등 주위의 인연들에 감사하고 새로운 출발을 다짐하는 신성한 시간이 되어야 한다.

신랑 신부가 어릴적에 어떻게 자랐는지를 얘기하고 가까운 친지들이 신랑 신부와 관련된 추억을 나누고 양가의 친지들이 서로 어울려 얼굴을 익히고 새로운 가족이 되는 소중한 자리가 되어야 한다.

|참고| 실속형 알뜰 결혼식

최근 예단 혼수 등 결혼비용을 최소화하고 저렴한 비용으로 혼례를 치르는 실속형 알뜰 결혼식이 주목을 받고 있다.

2012년의 경우 결혼비용이 2억원을 넘고 있으며, 결혼준비 시 부모 부담률은 60% 이상으로 부모의 관여와 부담이 매우 크다.

체면과 부의 과시 등 허영 심리에 기반한 결혼 문화가 근본적으로 바뀌기 위해서는 부모세대와 예비부부들의 의식변화가 선결되어야 하며 정부 언론 등에서 건전한 사회분위기 조성에 앞장서야 할 것이다.

결혼은 부모가 아닌 당사자가 하는 것이라는 원칙하에 예비부부의 경제적 여건이나 형편에 맞추어 본인들이 해결하려는 노력이 필요하다.

이러한 의식변화와 더불어 결혼 비용을 낮추기 위해 정부차원의 신혼부부를 위한 주택보급정책 등 제도적 정비가 필요하며 정부와 사회단체의 무료 예식장 제공 확대 등 결혼비용의 거품을 줄이기 위한 대책이 지속적으로 추진되어야 할 것이다.

2. 웨딩컨설팅업체 이용시 유의사항

예비 부부들의 웨딩 준비를 컨설팅해주는 업체는 전국에 2,000여개(2010년 기준)이며, 이중 800여개의 업체가 서울에서 활동 중이며 이들은 주로 서울의 압구정·청담동에 밀집해 있다.

현재 예비 부부들의 60%~70%가 컨설팅업체를 이용하고 있는데 믿을만한 업체를 고르는 노하우와 유의사항, 활용방법은 다음과 같다.

□ 웨딩컨설팅 업체 선택 기준

웨딩컨설팅 업체 선정시 업체의 신뢰도·서비스 내용·플래너 경력과 수준, 가격 등을 종합적으로 고려해야 한다.

1) 업체 신뢰도

웨딩컨설팅 분야는 진입장벽이 낮아 웨딩플래너 한 명만 두고도 회사를 설립할 수 있어 업체가 난립하고 있는 것이 현실이다.

따라서 5년 이상 된 컨설팅회사로 대표를 포함한 경영진이 자주 변동되지 않은 신뢰도 높은 업체를 선정해야 한다.

계약에 앞서 컨설팅업체의 사업자등록증을 확인하고 재무구조를 파악하고, 소비자원에 소비자 피해 사례로 등록된 적이 있는지 등을 꼼꼼히 점검하고 계약해야 한다.

2) 업체 인지도와 가맹점 관리 능력, 회원수 확인

컨설팅업체의 인지도와 가맹점 관리 능력도 중요하다. 가맹점과 플래너를 관리하고 교육할 수 있는 시스템을 갖추고 있는지, 가입한 회원 수는 충분한지 등을 확인해야 한다.

3) 웨딩플래너 선정

컨설팅업체 선택 못지않게 담당 플래너와의 호흡이 중요하므로, 경험많고 센스있고, 특히 예비 신부와 코드가 맞는 플래너를 만나는 것이 매우 중요하다.

웨딩플래너는 업체에서 수수료를 받기 때문에 예비 부부 입장과 더불어 자신의 영리와 업체의 이익도 고려해야 한다. 따라서 신뢰도가 높은 업체와 플래너를 선택해야 예비부부가 시간과 비용을 절약할 수 있다.

4) 투명한 가격

서비스별로 정찰가격을 제시하는 업체가 좋다. 할인을 많이 해주는 업체는 매장에 갔을 때 푸대접받거나 상품이나 서비스 품질이 좋지 않을 경우가 많다.

그리고 결제시 신용카드 결제가 가능하고 현금영수증 처리가 되는 업체가 좋다.

□ 웨딩컨설팅 업체 선정시 유의사항

1) 계약서와 약관 확인

계약시에 제공되는 상품과 서비스에 대해 세부적인 내용을 구체적으로 명시

해야 추가비용과 분쟁이 발생하지 않는다.

즉 스튜디오 사진 수·구성, 드레스 벌수 등 세부 사항을 확인하고 결혼식 당일 드레스 헬퍼(helper)비 등 추가 비용은 없는지 꼼꼼하게 체크해야 한다.

또한 '예약금은 어떠한 경우에도 환불되지 않는다'고 명시한 약관도 종종 있으므로 꼼꼼히 확인하고 계약금은 최소 금액만 내는 것이 유리하다.

예식장 이용시에는 표준약관을 확인하고 업체의 부당한 요구에 적절하게 대응해야 한다.

2) 해지 및 위약금 규정

몇 개월 전에 계약을 하기 때문에 계획이 변경될 경우 해지 및 위약금 규정 등을 확인해두어야 한다. 이때 소비자와 업체간에 위약금 분쟁이 발생하므로 환불 기준 등을 명확히 해두는 것이 필요하다.

일례로 예식 드레스를 잘못 배송하거나 제 때에 배송하지 않았을 경우 등 사고에 대비하여 보상규정을 정하고 미리 확인해 두는 것이 좋다.

3) 웨딩플래너 선정

담당 플래너가 이직 등으로 회사를 그만둘 경우 서비스가 시스템화 돼 차질 없이 진행될 수 있는지 점검을 해두는 것이 필요하다.

□ 컨설팅업체와 플래너의 노하우 최대한 활용

웨딩컨설팅업체와 계약을 할 경우 소위 스드메로 대표되는 '웨딩패키지'에 포함된 상품과 서비스 외에 컨설팅업체와 플래너가 축적한 다양한 정보와 노하우를 활용하는 지혜가 필요하다.

특히 웨딩플래너는 수많은 예비부부들과 협력업체들을 상대하기 때문에 최근 트렌드와 업계 동향을 잘 알고 있어 이를 최대한 활용하면 시행착오를 줄이고 효과적인 결혼 준비를 할 수 있다.

예식장을 정하지 않았다면 6개월 전에, 예식장과 결혼 날짜를 정했다면 3개월 전에 방문해서 컨설팅을 받아야 시간에 쫓기지 않고 준비를 할 수 있다.

그리고 드레스샵 방문과 결혼식 당일 사전점검 등 중요한 시기에는 플래너를 동행하는 것이 유리하다.

일례로 신부들의 관심이 가장 높은 웨딩드레스의 경우 종류와 업체가 굉장히 많아, 어울리는 드레스를 저렴하게 고르려면 엄청난 노력과 시간이 드는데, 먼저 플래너와 사전에 상의한 후 스타일을 정하고 업체를 추천받아 플래너와 동행해서 현장에서 직접 조언을 받는 것이 유리하다. 특히 드레스를 고른 후 가봉·드레스 도우미 선정·액세서리 챙기기 등 후속 과정도 플래너의 도움을 받을 수 있다.

CHAPTER 04
전통 상례와 현대식 상례

상례 문화
喪禮 文化

| 참고 | # 서울 추모공원

상례喪禮 문화

1. 개 요

    우리 선조들에게 삶은 '일시무시일(一始無始一) 일종무종일(一終無終一)' 즉 비롯됨 (시작)과 마침(끝)이 일회성이 아닌 되풀이되는 것이었으며, 삶의 끝인 죽음은 새로운 시작을 위해 본래의 자리로 돌아가는 것이었다.

    그래서 '죽는다'는 표현보다는 '돌아간다'는 표현을 사용했다. 죽음을 맞아 영혼(靈魂)과 육신(肉身)은 분리되어 본래의 자리인 하늘과 땅으로 돌아가는 것으로 보았다.

    따라서 상례(喪禮)는 죽음을 맞아, 영혼(靈魂)과 육신(肉身)을 본래의 자리로 되돌리기 위해 이를 절차에 맞게 처리하고, 가족과 친지들이 근신하는 기간의 의식 (儀式) 절차를 정한 예절이다.

    상례는 이러한 근본적인 생사관에 바탕하여 경제적인 여건과 사정 등을 고려하여 치르되 의식절차에 앞서 정성이 가장 중요하며 돌아가신 분에 대한 추모와 더불어 살아있는 사람들이 자기 자신을 삶을 성찰하는 기회로 삼아야 할 것이다.

장자(莊子) 지략 편에는 죽음을 바라보는 선인들의 지혜를 잘 보여주고 있다.

장자가 부인의 죽음을 맞아 땅바닥에 앉아 항아리를 두드리며 노래를 부르고 있었다.

이에 문상을 갔던 친구 혜자가 "자네 아내는 자네를 위해 자식을 낳고 길러 주었고 이제 늙어 죽었다. 목 놓아 울지언정 어찌 항아리를 두드리며 노래를 부르는가"라며 이유를 묻자. 장자는 "어찌 슬프지 않았겠는가? 그러나 생로병사는 봄 여름 가을 겨울 사계절의 변화와 같이 자연스러운 것이며 이제 아내는 고요하고 편안하게 잠들었는데 내가 슬퍼하고 목 놓아 운다는 것은 자연의 이치를 모르는 행동이 아니겠는가! 그래서 슬퍼하기를 멈췄다."고 답했다.

죽음을 천지자연의 이치로 자연스럽게 받아들이는 달관의 경지를 잘 보여주고 있다 할 것이다.

2. 상례(喪禮)의 의례적 특징과 의미

죽음은 사람이 태어나서 거쳐야 하는 마지막 의례이자 가장 중요한 의례로 출생(出生)과 혼인(婚姻)에 비해 높은 비중을 차지하고 있다.

이는 의례의 절차나 규모에서 잘 드러난다.

출생의 경우 해산 이후 삼칠일을 거치고 백일잔치나 돌잔치 등의 의례들을 보면 상례(喪禮)에 비해 매우 간소하게 치러진다.

게다가 출산 의례와 혼례(婚禮)는 대가족제도가 붕괴되면서 크게 달라져 본래 의례의 모습이 거의 사라져가고 있으나 상례(喪禮)의 경우는 아직도 관행이 많이 남아있어 통과 의례 가운데서 가장 전통적인 모습을 지니고 있다.

의례의 규모나 기간도 상례가 큰 비중을 차지하고 있다. 혼례(婚禮)는 하루 이틀에 의례가 마쳐지고 그 의식 절차도 간단하지만 상례(喪禮)의 경우는 3일~7일까지 복잡한 의식 절차를 거칠 뿐 아니라 임종(臨終)에서 탈상(脫喪)까지 거의 30여 단계의 의례를 치러야 하며, 햇수로는 3년 정도가 걸렸다.

이처럼 상례가 복잡하고 거창한 것은 그만큼 죽음의 의미를 중요하게 받아들이기 때문이며 상례의 진행과정에는 고인(故人)과 상주(喪主)는 물론 고인의 영혼(靈魂)과 조상신(祖上神)이라는 4개의 주체가 참여하고, 따라서 고인을 위한 의례, 상주와 공동체를 위한 의례 그리고 고인의 영혼과 조상신을 위한 의례 등 4개의 의례로 구성되어 있기 때문이다.

이런 특징에 따라 죽은 자와 산 자가 함께 통과 의례의 과정을 겪으면서 분리(分離)와 전이(轉移), 재통합(再統合)의 시기를 거친다.

즉 상주가 상복을 갖추어 입는 성복(成服) 의례가 분리 의례라면, 성복 이후 상주는 일상적인 삶을 떠나 3년 동안 각종 의례를 수행하는 전이기(轉移期)를 거치고, 탈상(脫喪)를 통해서 다시 일상의 삶으로 재통합되는 것이다.

고인(故人)의 경우 임종(臨終), 고복(皐復), 사자상(使者床)까지의 의례가 죽은 자를 이승에서 분리시키는 의례라면, 그 뒤 탈상(脫喪)까지는 영혼이 이승을 떠나 저승의 성원으로 통합하기까지의 전이기에 해당되며 탈상(脫喪) 의례를 하게 되면 영혼이 저승에 완전히 통합되는 것이다.

따라서 전이(轉移) 기간에는 산 자와 죽은 자의 유대는 계속된다. 빈소에 아침 저녁으로 음식을 올리고 묘지 옆에 여막(廬幕)을 짓고 3년상이 끝날 때까지 시묘살이를 하기도 한다. 시묘살이가 간소화하여 빈소 앞에 기둥을 세우고 짚과 새끼를 둘러쳐서 여막처럼 꾸민 다음, 상주가 여기서 거처하며 빈소를 지키는 관행도 근래까지 행해졌다.

이렇게 전이기를 끝내고 상주(喪主)와 고인의 영혼(靈魂)이 이승과 저승의 자기세계로 통합하고 별도로 육신(肉身)도 본래자리인 자연으로 돌아감으로써 모든 의례가 끝나게 되는 것이다.

3. 전통 상례(喪禮)의 변천

상례는 인간의 죽음이라는 엄숙한 사태에 직면하여 고인(故人)을 정중히 모시는 절차인 만큼 가장 중요한 예법으로 되어 있으며, 이는 세계의 공통적인 현상이다.

우리나라는 신라시대부터 고려시대에 걸쳐 불교(佛敎)와 유교(儒敎)의 양식이 혼합된 상례가 행하여졌으나 고려 말 중국으로부터 《주자가례(朱子家禮)》가 들어오고 조선 전기의 배불숭유(排佛崇儒) 정책의 영향 등으로 유교의식 중심으로 상례가 행하여졌다.

이렇듯 조선시대의 상례·제례는《주자가례》에 근거해서 행해졌으나, 주자가례의 해석을 둘러싸고 학자들간 이견(異見)이 많았으며 구체적인 항목에서는 조선의 풍속과 생활여건이 중국과 달라 상이한 경우가 적지 않았다.

따라서《주자가례》를 중심으로 한 상례는 서민사회에는 깊이 뿌리내리지 못해, 조선시대의 전통상례는 유교적 가치관과 더불어 불교와 민간 신앙적 가치가 혼재하였으며 지역 및 집안별로 이론(異論)이 많았다.

| 참고 | 초분(草墳), 복장제(復葬制)

초분(草墳)이란 일종의 풀무덤으로 시신이나 관을 땅에 바로 묻지 않고 땅 위에 올려놓은 뒤 짚이나 풀 등으로 엮은 이엉 등으로 덮어 두었다가 살이 썩으면 1~3년 후 뼈를 추려 땅에 묻는 장례 풍습으로 초빈(草殯)·고빈(藁殯)·출빈(出殯)·외빈(外殯)이라고도 한다.

그 절차는 임종에서부터 입관과 출상까지 유교식으로 하되, 바로 땅에 매장하지 않고 관을 땅이나 돌축대, 또는 평상 위에 놓고 이엉으로 덮어 두었다가 1~3년 뒤 뼈를 다시 땅 속에 묻는 까닭으로 복장제(複葬制)·이중장제(二重葬制)라고도 한다.

일반적인 유교식 장례가 단 한 번의 매장으로 끝나는 단장제(單葬制)임에 비하여서, 두 번의 매장절차를 거치는 복장제(復葬制)는 유교이전의 우리 고유의 전통 장례 풍습의 하나였다.

복장제는 뼈에 영혼이 깃들어 있어 뼈를 매장하면 영혼까지 지하에 모시는 것으로 생각한 데서 유래됐다. 땅의 조건이 나빠 뼈가 검게 퇴색하거나 물이 잠겨 육탈이

되지 않으면 영혼이 춥게 지내거나 불편해 저승으로 가지 못하고 구천을 떠돈다고 믿었던 것이다.

그래서 집이 잘살면 '뼈대 있는 가문'이라고 말하고, 잘못되면 '뼈도 못 추릴 놈'이라며 개인의 행복과 불행을 부모 묘의 좋고 나쁨에서 원인을 찾기도 했다. 뼈를 존중하는 사상 때문에 나무뿌리가 무덤 속을 침범하는 것을 매우 꺼렸다. 영혼이 깃든 유골을 나무뿌리가 감고 있으면 영혼도 고통을 받으며, 그 고통은 후손에게 그대로 전해져 불행해진다는 풍수사상 때문이다.

복장제의 특징은 뼈를 깨끗이 씻거나 찧어서 살을 모두 떼어낸 다음에 매장을 하는 것으로, 세골장(洗骨葬) 또는 증골장(烝骨葬)이라고도 부른다. 이러한 점으로 미루어 보아, 초분은 유골을 처리하기에 앞서 먼저 육신을 처리하는 방법임을 알 수 있다. 이러한 특징은 《삼국지》 위서 동이전에서부터 《수서》 고구려전, 그리고 《삼국유사》 등에 이르기까지 고대의 장례에 대한 기록에서도 발견된다.

뿐만 아니라 고고학적 자료에 의하면, 지석묘나 백제 초기의 옹관묘 등도 그 구조로 보아 뼈만을 묻은 복장제였을 가능성이 높은 것으로 알려지고 있다. 그리고 조선 말기까지는 육지지방에서도 이러한 초분이 거의 전국적으로 분포되어 있었던 것으로 확인되고 있으나, 요즘에는 주로 서남해안의 도서지방에서 흔히 발견되고 있다.

그 가운데에서도 전라도 지방에서는 특히 이 초분이 씻김굿 즉, 무속의 사령제(死靈祭)와 복합되어 나타나고 있다. 이러한 세골장(洗骨葬)은 태평양을 둘러싼 지역에 집중적으로 분포되어 있다.

1900년대 초까지만 해도 도서 지방은 물론 육지에서도 많이 행해졌는데, 일제강점기에 위생법에 제정되고 화장이 권장되면서부터는 남해와 서해의 일부 도서에서만 초분 풍습이 행해졌다. 1970년대 새마을운동이 시작된 뒤에는 법적으로 금지되기도 하였다.

3. 근·현대 상례(喪禮)의 변천

우리의 전통상례 예법은 고유의 전통과 불교문화 유교문화에 기반하고 있다. 운명(殞命)한 고인을 염습(殮襲) 입관(入棺)한 후, 꽃가마 상여에 태워 조상들이 묻힌 선산(先山)에 모시는 매장(埋葬)이 우리의 전통적인 장례문화였다.

하지만 이러한 매장 중심의 전통 장례문화는 1980년대 이후 전국토가 묘지화할 것이라는 비판을 받게 된다. 당시 전국적으로 1,841만여 기의 묘(墓)가 서울 면적의 1.6배에 해당하는 면적을 차지하고 있었으며, 해마다 사망하는 25만 명을 매장하기 위해서는 여의도 면적의 1.5배에 해당하는 땅이 필요했던 것이다.

이에 따라 90년대 이후 장례문화는 매장(埋葬)에서 화장(火葬)으로 급변하고 있다. 91년 화장률은 17.8%였지만 2001년 38.3%, 2005년 52.6%, 2009년 65%로 급증했다. 매년 여의도 면적의 1.5배만 한 땅이 필요했던 묘지 공간도 여의도 면적의 절반 수준(57%)으로 떨어졌지만 묘지 문제는 여전히 심각하다.

2011.4 한국보건사회연구원이 30세 이상 남녀 3,000명을 대상으로 조사한 결과 본인의 장례방법으로 매장을 택한 경우는 15%에 그친 반면 화장을 택한 경우는 79%로 사람들의 의식도 변하고 있다. 화장을 선택한 이유는 '깨끗하고 위

생적' '간편하다' '관리가 쉽다'의 순이었다.

화장이 급속하게 늘어남에 따라 유골을 모실 납골당이 또 다른 사회 문제가 되고 있다. 도심 외곽 공원묘지마다 납골당이 들어서고, 대형 석물로 꾸며진 호화 납골당 역시 사회문제화하고 있다.

이에 2000년대 들어 묘지나 납골당대신 수목장(樹木葬)이 새로운 대안으로 떠오르고 있다. 수목장이란 나무 아래 고인의 유골을 묻거나 뿌리는 자연장의 한 형태로, 국토가 좁은 우리나라 여건에 적합하고 자연친화적인 장례방법인데, 2011년 4월 보건사회연구원의 조사에 따르면 시민들은 화장 후 유골을 납골당에 안치하기보다 나무·잔디밭 등에 묻는 자연장 방식을 더 선호하는 것으로 나타났다.

불교문화권을 제외하면 화장이 보급되기 시작한 것은 19세기로 유럽에서 산업혁명 이후 도시화 현상이 심해지면서 묘지로 쓸 땅이 부족해지면서다. 하지만 화장 역시 납골당이란 문제를 낳자 수목장과 같은 자연장이 대안으로 제시되었다.

현대적 의미의 수목장은 국토가 좁은 스위스에서 시작되었는데 스위스는 99년 이후 50여 개의 수목장림을 운영하고 있다. 화장(火葬) 뒤 고인의 뼛가루를 지정된 나무 주위에 묻는 것 외엔 어떤 산림훼손도 금지하고 있다. 수목장은 독일·영국·스웨덴 등지로 급속히 확산되고 있다.

일본은 장례의 99%를 화장으로 처리한다. 또 산골(散骨)을 포함한 자연장의 경우 91년 법무성이 '예를 갖추고 행하는 한 아무런 법적 문제가 없다'는 공식 견해를 발표한 이래 확대되고 있는 추세다.

대만도 수목장·화초장·해양장 등과 같은 '친환경 매장(자연장)'을 장려하고 있다. 대만 정부가 발표한 '2010년 장례시설 개황 통계'에 따르면 지난해 한 해 자연장은 1,542건에 달했다.

보건복지부 조사에 따르면 화장률은 2020년 80%까지 늘어날 것으로 전망되며 화장 이후의 납골문화도 자연장 쪽으로 옮겨갈 것으로 보인다.

고령화·저출산, 남아선호사상 퇴조, 핵가족화에 따른 가족 결속력 약화 등이 장례문화의 미래를 바꾸는 변수다. 베이비붐 세대(55~64년생)의 은퇴와 현재의 출산율(1.2명)을 감안하면 우리나라 인구는 2018년을 정점으로 줄어들 전망이다.

인구 급감기에 태어난 미래 세대는 조상 묘지 관리에 어려움을 겪을 수밖에 없다. 현재 전국의 분묘 중 20~25%가 무연고 묘지인데, 이런 현상은 앞으로 더 심화될 것으로 전망된다.

그래서 납골당 역시 분묘와 비슷한 현상을 보일 것으로 예상된다. 지자체가 운영하는 공영납골당의 경우 유치기한이 최장 30년~45년(지자체별로 상이)이며, 영구보존한다 해도 2, 3대가 내려가면 분묘와 마찬가지로 찾아올 자손이 적어지기 때문이다.

한국보건사회연구원은 2007년 펴낸 '장사문화 발전을 위한 국가전략계획 수

립연구' 보고서에서 화장 수요 증가에 맞춰 화장장을 더 확보하고, 납골당 대신 다양한 형태의 자연장을 장려하는 게 바람직하다고 권고하고 있다.

기존의 공원묘지 중 일부를 자연장 공간으로 활용하거나, 바다에 분골을 뿌리는 해양장, 도심 공원이나 산에 뼛가루를 뿌리는 산골 등 다양한 형태의 자연장이 나타나고 있다.

* 인천 앞바다에서만 매년 1,000건 이상의 해양장이 치러지고 있음.

자연장이란 단어는 2007년 5월 공포된 '장사 등에 관한 법률' 제10차 개정 때 처음 등장하는데 제2조 제 3항에 " '자연장(自然葬)'이란 화장한 유골의 골분(骨

粉)을 수목·화초·잔디 등의 밑이나 주변에 묻어 장사하는 것을 말한다"는 부분이 새로 추가되었으며, 제5조에 제 1항에 "보건복지부장관은 묘지·화장시설·봉안시설 및 자연장지의 수급에 관한 종합계획을 5년마다 수립"하고 제 2항에 특별시장·광역시장·도지사와 시장·군수·구청장 등 지자체장은 "제1항의 종합계획에 따라 관할 구역 안의 묘지·화장시설·봉안시설 및 자연장지의 수급(需給)에 관한 중·장기계획을 수립"하도록 규정하고 있다.

자연장을 할 때에는 화장한 유골을 묻기에 적합하도록 분골하여야 하며, 화장한 유골의 골분, 흙, 용기 외의 유품(遺品) 등을 함께 묻어서는 안 된다. 지면으로부터 30㎝ 이상의 깊이에 유골함을 묻되 용기는 법령에 정한 용기를 사용하여야 하며, 용기를 사용하지 않을 경우 흙과 섞어서 묻어야 한다.

앞으로 화장(火葬)과 자연장(自然葬)이 일반화하면 장례의식이나 장례절차도 간소화될 것으로 전망된다. 수백만 원을 호가하는 최고급 수의, 관(棺), 유골함 등은 고인이 즐겨 입던 평상복이나 저렴한 관(棺), 유골함 등으로 바뀌고 사흘장·닷새장인 조문 문화도 서구나 일본처럼 영결식 등 특정 시점에 한 번 치르는 방식으로 변화할 것으로 전망된다.

* 화장(火葬)용 관은 불에 잘 타는 저렴한 관(종이관 얇은 오동나무관 등)을 이용하고, 수의(壽衣)는 고인이 평소 즐겨 입던 옷으로 대신함으로써 경제와 환경 보전에 기여하는 건전장례문화 실천 필요.

전통 상례

傳統 喪禮

전통 상례 喪禮

1. 개 요

우리 선조들은 죽음을 끝이 아니라 새로운 시작으로, 인간의 영혼이 이승에서 저승으로 옮겨간다고 믿었으며, 상례(喪禮)에는 그러한 사상이 담겨져 있다.

상례의 진행과정에는 앞서 살펴본 것처럼 고인(故人)과 영혼(靈魂), 그리고 상주(喪主)와 조상신(祖上神)라는 4개의 주체가 참여하고 이들을 위한 의례가 복합적으로 구성되어 있다.

전통 상례는 초종(初終) 습렴(襲殮) 치장(治葬) 흉제(凶祭)의 4단계로 구성되어 있으며, 이를 세분하면 19개~30여개의 절차로 구성되어 있으나 실제 관행에서는 상황에 따라 일부를 생략하거나 통합하여 실행하기도 한다. 본고에서는 이를 25개 절차로 나누어 살펴보았다.

초종(初終)	습렴(襲殮)	치장(治葬)	흉제(凶祭)
1. 임종(臨終) ⇩	6. 습(襲) ⇩	10. 택지(擇地) ⇩	17. 초우(初虞) ⇩
2. 수시(收屍) ⇩	7. 소렴(小殮) ⇩	11. 천구(遷柩) ⇩	18. 재우(再虞) ⇩
3. 고복(皐復) ⇩	8. 대렴(大殮) ⇩	12. 발인(發靷) ⇩	19. 삼우(三虞) ⇩
4. 발상(發喪) ⇩	9. 성복(成服)	13. 운구(運柩) ⇩	20. 졸곡(卒哭) ⇩
5. 전(奠)		14. 하관(下棺) ⇩	21. 부제(祔祭) ⇩
		15. 성분(成墳) ⇩	22. 소상(小祥) ⇩
		16. 반곡(反哭)	23. 대상(大祥) ⇩
			24. 담제(禫祭) ⇩
			25. 길제(吉祭)

2. 전통상례의 절차와 내용

✽ 초종(初終)

초종(初終)은 상례의 시작과 장례 준비 과정을 이르는 말로써 임종(臨終), 혼을 부르는 초혼(招魂), 상주와 호상(護喪)을 세우고, 부고(訃告)를 통해 임종을 알리는 것 등으로 장례를 준비하는 과정이다.

1) 임종(臨終)

돌아가실 때 이를 곁에서 지켜보는 것을 말한다. 운명(運命)할 기미가 보이면, 방으로 모시고 집 안팎을 조용하게 하고, 숨을 거두는 것을 지켜보는데, 이를 임종이라고 한다. 우리나라에서는 자식이 부모의 임종을 못 하는 것을 큰 불효로 여긴다.

임종할 방으로 모신 후 동쪽으로 머리를 두게 하고, 새 옷으로 갈아입힌다. 유언(遺言)이 있으면, 머리맡에 앉아 받아 적는다.

마지막 숨을 거두는 것을 분명히 알기 위해 솜을 입 위에 놓고 숨이 그치는 것을 지켜보기도 하는데, 이를 속광(屬纊)이라고 한다.

운명하는 순간에는 통곡을 삼간다.

|참고| 운명, 임종의 개념

▶ 운명(殞命) : 사람이 죽는 것을 높여서 하는 말로 절명(絶命) 종신(終身) 등을 사용하기도 한다.

　＊절명(絶命) 사용례 : "숨을 코와 입에 얹어 절명이 확인되면" 등

　＊종신(終身) 사용례 : "종신을 보지 못했다" 등

▶ 임종 : 종신, 절명, 운명을 맞이한다는 뜻으로 운명(殞命)하는 것을 옆에서 지켜보는 것을 의미한다. 그러므로 "아버님의 임종을 보지 못한 불효자식입니다"가 아니라 "아버님의 임종도 못한 불효자식입니다"라고 하는 것이 바른 표현이다.

2) 수시(收屍)

시신이 굳기 전에 몸을 반듯하게 하는 것을 수시(收屍)라 한다.

돌아가시면 먼저 눈을 감기고 깨끗한 솜으로 입과 귀와 코를 막고 머리를 높이 반듯하게 괸다. 시신이 굳기 전에 손발을 고루 주물러 편 다음 남자는 왼손을 위로, 여자는 오른손을 위로 하여 두 손을 한데 모아 백지로 묶고, 발도 가지런히 하여 백지로 묶는다. 이는 사지를 뒤틀리지 않고 반듯하게 하기 위함이다. 백지로 얼굴을 덮은 후 칠성판(七星板) 위에 눕히고 홑이불을 덮는다.

이 절차는 정성껏 해야 한다. 이를 소홀히 하면 수족이 오그라들어 펴지지 않으므로 염습(殮襲)할 때 문제가 생기게 된다.

수시(收屍)가 끝나면 병풍이나 장막 등으로 가려 밖에서 시신이 보이지 않게 한다. 시신을 모신 방은 시신이 부패하지 않도록 차게 해야 한다.

이 절차가 끝나면 곡(哭)을 하는 경우도 있으나, 고복(皐復)이 끝난 뒤에 곡을 하는 것이 옳다.

3) 고복(皐復), 초혼(招魂)

임종 직후에는 밖에 나가서 떠나는 영혼을 부르는데 이를 고복(皐復) 혹은 초혼(招魂)이라 한다.

남자의 초상에는 남자가, 여자의 초상에는 여자가 죽은 사람의 상의(上衣)를 가지고 지붕으로 올라가, 왼손으로는 옷의 깃을 잡고 오른손으로는 옷의 허리를 잡고서 북쪽을 향해 옷을 휘두르면서, 먼저 죽은 사람의 주소와 관작(官爵)과 성명을 부른 다음에 "복(復) 복(復)! 복(復)!" 하고 세 번 부른다.

＊해동 대한민국 ○○시 ○○동 학생 ○○○공 복! 복! 복!
이는 죽은 사람의 혼(魂)이 북쪽 하늘로 가고 있다고 하여 혼이 다시 돌아오도록 부르는 것이니, 이렇게 해도 살아나지 않아야 비로소 죽은 것으로 인정하고 곡(哭)을 하는 것이라 했다.
그 옷은 지붕 위에 얹어 두었다가 나중에 내려서 시체의 가슴 위에 얹는다.

초혼이 끝나면 모여 앉았던 자손들이 애곡벽용(哀哭擗踊), 즉 소리를 질러 비통하게 곡을 하고 가슴을 치며 발을 구르는 등 슬픔을 표현한다.

| 참고 | **사자상(使者床), 사자밥**

육신을 벗어난 영혼은 저승사자의 호송을 받아 저승으로 간다고 한다. 그래서 망인의 영혼을 저승까지 갈 저승사자에게 편하게 모셔다 달라는 의미에서 사자상을 차려 후히 대접한다.

사자상은 저승사자가 세 명이라는 생각에서 밥 세 그릇과 반찬, 돈, 짚신 세 켤레 등을 멍석이나 푼주 위에 올려놓기도 하고, 상위에 올려놓기도 한다. 이때, 상주들은 재배하고 곡을 한다. 사자상은 《예기(禮記)》에 없는 우리의 전통으로, 하지 않는 집도 있었으나 하는 집이 더 많았다.

4) 발상(發喪)

발상(發喪)이란 자손들이 상제(喪制)의 모습을 갖추고 초상이 났음을 외부에 알리는 것이다.

우선 상주(喪主)와 주부(主婦, 맏며느리)를 세우는데, 아버지가 돌아가시면 큰 아들이 상주가 되지만 큰 아들이 없을 때는 장손(長孫)이 상주가 되며 이를 승중상(承重喪)이라 한다.

주부(主婦)는 원래 죽은 사람의 아내이지만 아내가 없으면 상주의 아내가 주부가 된다.

수시가 끝나면 상제(喪制)들은 옷을 갈아입는다. 평소에 입던 옷을 벗고, 희색이나 검은색으로 검소하게 입는다. 그리고 반지나 목걸이, 머리의 장식물을 벗는다.

옷을 갈아입고 나서 곡(哭)을 한다. 곡(哭)이란 일반적인 울음과 달리 제사나 장례를 지낼 때에 일정한 소리를 내며 슬픔을 표현하는 것인데, 애이불상(哀而不傷), 즉 슬퍼하여도 정도를 넘어 몸이 상하는 것을 막기 위한 것으로, 고인이 좋은 복을 받아 편안하기를 바라는 기원(祈願)과, 살아계실 때 남기신 가르침을 실천하겠다는 추모의 마음을 다지는 것이다.

그리고 상가(喪家) 입구나 길목에, '상가(喪家)', '상중(喪中)' 이라 써 붙이고 마당에 차일(遮日)을 치는 등 조문객들이 상가를 쉽게 찾을 수 있게 알린다.

발상(發喪)이 끝나면 상가(喪家)에 호상소(護喪所)를 마련한다. 예법을 잘 아는 사람을 호상(護喪)으로 정해 초상일을 모두 그에게 물어서 하게 한다.

호상(護喪)은 죽은 사람과 상주의 집안사정 및 인간관계를 잘 아는 친척이나 친우 가운데에서 상례절차를 잘 알고 또 절차에 따른 일들을 잘 처리할 수 있는 사람을 골라 모신다. 그렇게 하여 상주가 다른 일에는 신경을 쓰지 않고 단지 상주로서의 의무만을 제대로 이행할 수 있도록 해야 한다.

초상이 나면 호상소(護喪所)를 차려, 호상의 이름으로 부고(訃告)를 띄워 알린 다음, 사화(司貨) · 사서(司書)로 하여금 신종록(愼終錄)과 부의록(賻儀錄)을 작성하도록 한다. 사서(司書)나 사화(司貨)는 자제들이나 이복(吏僕)들 중에서 정하는데, 사서는 문서를 맡고 사화는 재물을 맡아 처리한다.

신종록이란 상례의 절차에 따라 맡은 사람의 이름, 거행일시와 함께 그 절차에 따라 미리 마련할 물품과 사용될 재화의 목적과 수량 등을 적은 것을 말한다. 부의록은 조의록(弔儀錄)이라고도 하는데, 문상객의 이름과 주소, 그리고 부의 내용을 적은 것을 말한다.

또한 절차에 따라 읽어야 할 축문(祝文) 등을 미리 마련하고 욕자(浴者 : 시신을 목욕시키는 사람)와 염습자(殮襲者)와 함께 산역(山役)을 맡을 사람들을 미리 골라 일을 맡긴다. 그리고 무덤을 쓸 장소와 위치도 미리 상주와 지관과 의논하여 정하기도 한다. 또한, 상가에 조문하러 온 귀한 손님을 접대하는 책임도 맡는다.

따라서 호상은 상주를 대신하여 상가를 대표할 수 있는 식견이 높은 사람이라야

말을 수 있었다.

5) 전(奠)

전(奠)이란 고인을 생시와 똑같이 섬긴다는 의미에서 술, 과일, 포, 젓갈 등 제물을 올리는 것을 말한다.

시신을 가린 병풍 앞에나 방 밖의 마루에 상을 놓고, 혼백(魂帛)을 만들어 놓는다. 혼백은 백지로 접어 5색실로 묶어 상자에 넣어 만들었으나, 요즘에는 망인의 사진으로 대신한다. 망인의 사진을 검은색 틀에 넣고 검은색 리본을 달아 탁자 위에 모셔 놓는다.

집사자(執事者)가 제상위에 과일(果), 포(脯), 젓갈(醢)을 올려놓은 후 축관(祝官)이 잔에 술을 부어 올린다. 상주는 슬퍼서 일을 볼 수가 없기 때문에 집사자가 대신이를 행하는 것이다.

다음으로 호상이 목수를 시켜서 관(棺)을 만들게 하고, 친척이나 친지들에게 부고(訃告)를 보낸다. 임종에서부터 이 절차까지를 초종(初終)이라 한다.

| 참고 | **치관(治棺)**

호상(護喪)은 목수에게 관을 만들도록 지시한다. 관을 만드는 재료로는 소나무 잣나무 은행나무 오동나무 향나무 등을 사용했다. 금강송(金剛松)은 황장목(黃腸木)이라하여 최고급 관으로 여겨졌다. 천판(天板) 하나, 지판(地板) 하나에 사방판(四旁板)이 각각

하나씩 소요되며, 높이나 길이는 시신에 따라 약간 여유 있게 한다.

| 참고 | **칠성판**(七星板)

칠성판은 널(棺)과 같은 재료로 만든 얇은 나무판으로, 북두칠성을 나타내는 일곱 개의 별을 그리거나 구멍을 뚫어 만든다. 두께는 다섯 푼(약 1.5cm), 크기와 너비는 관 속에 들어갈 수 있는 정도로 하며, 검은 옻칠을 하기도 한다.

칠성판에 일곱 개의 별을 새기는 까닭은 북두칠성(北斗七星)이 시간을 관장하는 신(神)이라고 생각한데서 유래한 것으로, 하늘에서 내려와 지구에서 살다가 죽으면 다시 하늘로 돌아간다는 사상에서 기인한 것이라고 한다.

칠성판은 염습(殮襲)하는 과정에 주검 밑에 깔았다가 입관할 때에 주검과 함께 관 속에 넣는다. 옛날에는 칠성판 대신 시상(尸牀, 시신을 올려놓은 상)을 따로 마련하여 그 위에서 염습을 하였다.

| 참고 | **부고**(訃告)

친족들은 일을 분담하여 장례 준비를 하는 한편, 상사(喪事)를 여러 사람에게 알린다. 가까운 친척에게는 직접 사람을 보내 알리고, 멀리 있는 친척이나 친구에게는 부고장을 보낸다.

❋ **습렴**(襲殮)

습렴은 시신을 닦고 수의를 입힌 후 관에 넣고 상주(喪主)와 상제(喪制) 복인(服人)

들이 상복을 입는 절차이다.

6) 습(襲)

습은 시체를 닦고 수의(壽衣)를 입힌 뒤 염포(殮布)로 묶는 절차로서 염습(殮襲) 또는 습렴(襲殮)이라 하며 가장 정성을 들여 해야 한다.

향나무나 쑥을 삶은 물에 탈지면을 적셔 시신을 목욕시킨 후 수건으로 닦고 머리를 빗질하고 손톱과 발톱을 깎아 주머니에 넣는다. 머리털이나 이가 빠지면 챙겨 두었다가 대렴(大殮)을 할 때 관 속에 넣는다.

이것이 끝나면 시신을 침상(寢牀)에 눕히고 수의(壽衣)를 입히는데, 옷은 모두 오른쪽으로 여민다.

수의를 지을 때는 고운 삼베로 하는 것이 가장 좋다. 삼베가 없을 때는 무명을 사용한다. 화학 섬유 등 쉽게 썩지 않고 해체(骸體)에 좋지 않은 영향을 주는 소재는 피해야 한다.

다음으로 습전(襲奠)이라 하여 제물을 올리고 상주 이하 모두가 자리에서 곡(哭)한다. 이어 시신의 입속에 쌀 혹은 엽전이나 구슬을 물려주는데 이를 반함(飯含)이라 한다.

물에 불린 쌀을 버드나무 수저로 세 번 입에 떠 넣는다. 쌀을 넣을 때에는 오른쪽과 왼쪽, 그리고 가운데에 모두 세 번을 넣는데, 첫 번 숟가락을 넣으면서 '백 석이요' 하고, 그 다음에 '천 석이요', '만 석이요' 한다. 다음에는 엽전이나 구슬(珠玉)을 입에 물리기도 한다.

　염습의 절차가 끝나면 시자(侍者)는 이불로 시신을 덮는다. 이를 졸습(卒襲)이라
한다.

　이때 화톳불을 피우고 영좌(靈座)를 꾸민다. 교의에는 혼백(魂帛)을 만들어 얹고
명정(銘旌)도 만들어 세워 놓는다. 이 의식이 끝나면 친족 친지들이 들어가서 곡
(哭)한다.

| 참고 |　**영좌**(靈座)

　영위(靈位)를 모시는 자리이다. 먼저 교의를 놓고 그 앞에 자리를 깐 다음 제상을 놓
는다. 제상 앞에는 향탁을 놓고 그 위에는 향합과 향로를, 향탁 앞에는 모사 그릇을
놓는다. 그리고 혼백을 만들어 교의 위에 얹으면 영좌가 마련되는 것이다. 요즘에는
혼백을 쓰지 않고 영정(사진)으로 대신한다.

| 참고 |　**혼백**(魂帛)

　너비 한 폭에 길이 1자 3치(약 40㎝)인 흰색 비단, 마포(麻布) 또는 백지를 접은 뒤 오
색실로 만든 동심결(同心結)을 끼워 만든다. 이 혼백은 상자(혼백함)에 넣어 교의 위에
모신다. 장래 후 2년 동안 빈소에 모셨다가 대상(大祥, 사람이 죽은 지 두 돌 만에 지내는 제사)을
치른 뒤 묘소에 묻는다. 옛날에는 초우(初虞, 장사 당일 첫 번째 지내는 제사)를 지낸 뒤 묘소
앞에 묻고 탈상 때까지 산주를 사용했다.

| 참고 | **명정**(銘旌)

죽은 사람의 관직과 성씨 따위를 적은 기. 일정한 크기의 긴 천에 붉은 바탕에 흰 글씨로 쓰며, 긴 장대에 달아 출상(出喪) 전에는 영좌의 오른쪽에 세워 두었다가 출상 때는 상여 앞에서 들고 간 뒤에 널 위에 펴 묻는다.

일반적으로 길이 2M 정도의 온폭 붉은 비단에 흰색 글씨로 "某官某公之柩"라 쓰 고 부인의 경우는 "某封某貫某氏之柩"라 쓴다.

남자 : 某官(無官이면 學生) ○○○公 ○○之柩

여자 : 某封(無封이면 孺人) ○○○氏 ○○之柩

| 참고 | **수의**(壽衣)

수의를 미리 마련해 두는 경우가 많았는데 윤년이나 윤달을 택해 준비해 두는 것 이 우리의 전통 습속(習俗)이었다.

수의는 삼베 무명 등 자연섬유를 소재로 하며 색깔은 흰색이 좋다. 수의를 바느질 할 때에는 가시는 길에 막힘이 없으시도록 실의 매듭을 짓지 않으며, 산 사람의 옷보 다 크게 만들어야 입히기가 쉽다.

남자의 수의 : 속저고리, 겉저고리, 바지, 속바지, 두루마기(도포), 버선, 대님, 요대
　　　　　　(腰帶, 허리띠), 대대(大帶), 행전, 습신

여자의 수의 : 속적삼, 속저고리, 겉저고리, 속곳, 단속곳, 바지, 청치마, 홍치마, 원
　　　　　　삼(圓衫), 버선, 대대(大帶), 습신

이불류 : 소렴금, 대렴금, 천금(天錦, 시신을 덮는 홑이불), 지금(地錦, 시신 밑에 까는 겹이불), 베개

기타 : 복건(幅巾), 두건(頭巾), 망건(網巾), 멱목(幎目), 충이(充耳), 악수(握手), 속포(束布), 턱받침

7) 소렴(小殮)

소렴은 운명한 이튿날 아침에 수의(壽衣)를 입히는 절차이다.

죽은 다음날 아침 날이 밝으면 집사자는 소렴에 쓸 옷과 이불을 준비해 놓는다. 머리를 묶을 삼끈과 베끈을 준비하고 소렴상(小殮床)을 마련하고 시신을 묶을 베와 이불과 옷도 준비한다.

우선 깨끗한 자리를 깔고 그 위에 지금(地錦)을 펴놓은 다음 속포(束布) 20마를 일곱 구비로 서려놓고 장포 7자를 길이로 깐다. 시신을 소렴상에 눕히고 옷을 입히는데, 위 아래 옷을 각각 겹쳐서 아래로부터 위로 올라가며 입힌다. 옷을 입힐 때는 왼편으로부터 여미되 고름은 매지 않으며, 손은 악수(握手)로 싸매고 멱목(幎目)으로 눈을 가리고 복건과 두건을 씌운다.

＊ 멱목(幎目) : 소렴(小殮)할 때 시체의 얼굴을 싸매는 헝겊. 천으로 네모지게 만드는데, 겉과 안을 흰색으로 하거나 겉은 검은빛, 속은 붉은색으로 하기도 하며 네 귀에 끈을 매단다.

이불로 고르게 싼 다음, 장포(長布) 두 끝을 찢어 각각 매고 속포(束布)로 묶는다. 이때 속포 한쪽 끝을 세 갈래로 찢어서 아래로부터 차례로 묶어 올라간다. 베

폭은 일곱 폭으로 묶고 묶는 끈은 21개가 된다.

다음에 시신을 시상에 모시고 곡(哭)을 한 다음 상제들은 머리 푼 것을 걷어 올리고 남자는 포두건, 베중단을 입고 자리에 나가 곡을 한다. 집사가 전(奠)을 올리는데 이것이 고인에 대한 최후의 봉사이므로 정성을 다해서 모신다.

8) 대렴(大殮)

대렴이란 소렴이 끝난 뒤 시신을 입관(入棺)하는 의식으로서 소렴을 한 이튿날, 즉 운명한지 사흘째 되는 날에 한다.

날이 밝으면 집사자는 탁자를 가져다가 방 동쪽에 놓고, 옷 한 벌과 이불 둘을 준비한다. 시신을 맬 베는 세로는 한 폭을 셋으로 쪼개서 소렴 때와 같이 하고 가로는 두 폭을 쓴다. 다음으로 관을 들여다가 방 서쪽에 놓고 입관하는데, 이때 제물을 올리는 것은 소렴 때와 같이 한다.

이때 자손과 부녀들은 손을 씻는다. 대렴금으로 시신을 싸되 먼저 발을 가린 다음 머리를 가리고 또 왼쪽을 가린 뒤에 오른쪽을 가린다. 장포와 횡포 순으로 맨 다음 시신을 들어서 관 속에 넣는다.

그리고 머리털, 손톱, 발톱을 담은 다섯 주머니를 관 귀퉁이에 넣는다. 다음에 천금(天襟)을 관 속에 덮고 상주, 상제, 복인들은 슬피 통곡한다. 그리고 천개(관뚜껑)를 덮고 명정(銘旌)을 관 동쪽에 세우고, 장지로 관을 노끈으로 묶는다(內結棺). 그리고 다시 초석(짚자리)으로 싸고, 백지를 감은 가느다란 동아줄로 관의 밖을 묶은 후(外結棺) 천금으로 관을 덮는다.

대렴(大斂)이 끝나면 병풍이나 휘장으로 관을 가린 뒤 관 동쪽에 영상(靈牀)을 마련하고 제물을 올린다.

9) 성복(成服)

대렴이 끝난 이튿날, 운명한지 나흘째 되는 날 하는 의식으로 상주이하 상인(喪人)들이 각자 복제(服制)에 따라 상복을 입는 의식을 말한다.
이는 몸을 삼가고 부정을 피하는 양재(禳災)의 의미를 가진다.

상복을 입는 사람들은 수놓은 것, 붉은 색, 금, 은, 옥, 구슬, 비취 등 화려한 장식을 없앤다. 상복은 단추가 없다.

날이 밝으면 상인(喪人)들이 각각 복제에 따라 상복을 입고 제 자리에 나간 후에 조곡(弔哭)을 하고 서로 조상(弔喪)한다.

조상(弔喪)을 할 때는 오복(五服)의 차례대로 행하는데, 여러 자손들은 조부와 아버지 앞에 가서 꿇어 앉아 슬피 운 다음 조모 및 어머니 앞에 가서 또 이와 같이 한다. 여자는 먼저 조모와 어머니 앞에 가서 곡한 다음에 조부 및 아버지 앞에 가서 남자의 의식과 같이 행한다.

입관이 끝나면 복인(服人)들은 상복을 입고, 성복제(成服祭)를 지낸다. 그리고 정식으로 조객을 맞이한다. 성복전에는 손님이 와도 빈소 밖에서 곡(立哭)하고, 성복 후에야 비로소 정식으로 조문을 한다.

| 참고 | **조석전(朝夕奠)과 상식(上食)**

매일 새벽 상주 이하 가족들은 해뜨기를 기다려 곡(哭)을 하는데 이를 조곡(朝哭)이라 한다. 이때 시자가 혼백을 받들어 영좌(靈座)에 모시고 집사가 주과포혜(酒果脯醯)를 진설한 후 축관이 향을 피우고 술을 따라 올리면 일동 재배(再拜)하고 곡을 하는데 이를 조전(朝奠)이라 한다.

아침에 해가 뜨면 조전(朝奠)을 올리고 저녁에 해가 진 뒤에 석전(夕奠)을 올린다. 조전이나 석전이 끝나면 술과 과일만 남겨두고 음식은 치운다.

매 끼니 때마다 밥상을 올리는데 이를 상식(上食)이라 하며, 의식(儀式)은 조전 때와 같다.

✷ 치장(治葬)

고인을 매장할 묘(墓) 자리를 잡는 것을 치장(治葬)이라 하는데 택지(擇地)에서 성분(成墳)까지의 절차를 말한다.

10) 택지(擇地)

옛날에는 석 달 만에 장사를 지냈는데 이에 앞서 장사를 지낼 만한 땅을 고른다. 묘자리를 정하면 이어 장사 지낼 날짜를 잡는다. 날짜가 정해지면 영역(塋域.

산소)에 산역을 시작하고 토지신에게 사토제(祠土祭)를 지낸다.

| 참고 | **사토제**(祠土祭)

집터를 닦거나 묘자리를 팔 때 그 토지의 수호신에게 지내는 제사

『사례편람四禮便覽』의 상례조에 따르면 묘의 영역(塋域) 공사를 시작하면서 사토제(祠土祭)를 지낸다. 묘자리의 네 모퉁이를 파고서 각각 표목을 세운 다음 친척이나 손님 중에서 제관을 선정하여 후토(后土), 곧 토지신에게 축문을 읽고 배례를 행하는 것이다.

땅을 다루기에 앞서 행하는 것을 개토제(開土祭), 땅을 다룬 다음에 지내는 것을 평토제(平土祭)라 한다. 평토제는 묘의 봉분이 완성된 뒤에 지내는 것으로서 개토제보다 제례자도 많고 성대하다.

이러한 토지신에 대한 신앙은 우리의 전통 민속신앙에서 말하는 터줏신·터줏대감·후토신령 등으로 불리는 토지신을 숭배하는 의식이 유교 의식에 수용된 것으로 보인다.

11) 천구(遷柩)

영구(靈柩)를 상여로 옮기는 의식으로 발인(發靷) 전날 행한다.

이때 오복(五服)의 친척들이 모두 와서 각각 자기의 복을 입고 참례한다. 이때 조전(朝奠)을 올리는데, 축관이 혼백을 받들고 앞서 가서 사당 앞에 뵈면 집사는 제물을 진설한다. 다음에 명정이 따르고 복인(服人)들이 영구를 들어 모시면 상

주 이하는 모두 곡하면서 그 뒤를 따른다.

조전(朝奠)을 올릴 때 집이 좁아서 영구를 모시고 출입하기가 어려우면 혼백(魂帛)으로 영구를 대신해도 된다. 그럴 때에는 제물이 앞서 가고, 그 다음에 명정(銘旌) 혼백의 순으로 간다. 사당 앞에 도착하면 북쪽으로 향해 혼백을 자리 위에 모신다.

이어서 영구를 다시 마루로 옮기는데, 이때 집사가 마루에 포장을 친다. 축관이 혼백을 받들고 영구를 안내하면 주인 이하 모두가 곡하면서 뒤따른다. 마루에 도착하면 영구를 마루에 깔린 자리 위에 놓고 축관을 영구 앞에 제물 올릴 상을 마련한다.

이것이 끝나면 모두가 제자리에 앉아 곡을 한다. 해가 지면 조전(祖奠)을 올리는데 조전(祖奠)은 조전(朝奠)처럼 지낸다. 저녁 상식(上食)을 지낸 후에 조전을 지내는데 저녁 상식과 겸해서 지내기도 한다.

이튿날 날이 밝으면 영구를 상여로 옮긴다.

12) 발인(發靷)

영구가 장지를 향해 떠나는 것을 말한다. 이때 조전(朝奠) 때와 같이 제물을 올리고 축문을 읽는데 이것을 견전(遣奠)이라 하며 발인제(發靷祭) 혹은 영결식(永訣式)이라고도 한다.

축관이 술을 따라 올리고 무릎을 꿇고 축문을 읽고 나면 상주 이하는 모두 곡하고 절한다.

일꾼들은 영구를 옮겨 상여에 싣고, 새끼줄로 튼튼히 맨다. 상주는 영구를 따라 곡하면서 내려가 영구 싣는 것을 지켜보고, 부인들은 장막 안에서 곡한다.

상여 앞에는 공포(功布, 영구위의 먼지를 터는 데 사용)가 서고 곁에는 운삽을 세운다. 방상(方相 또는 防喪)이란 초상 때 묘지에서 창을 들고 사방 모퉁이를 지키는 사람을 가리킨다. 영구가 떠나면 방상이 앞에 서서 길을 인도해 간다.

명정(銘旌), 공포, 만장(輓章), 요여(腰輿), 요여 배행, 영구(靈柩), 영구시종, 상주, 복인, 조객의 순서로 출발한다. 요여 배행은 복인이 아닌 친척이 하는 것이 예이며, 영구의 시종은 조카나 사위가 하는 것이 예이다.

| 참고 | **만장**(輓章)

고인을 애도하여 지은 글로서 비단이나 종이에 써서 기(旗)를 만들어 상여를 따르도록 한다.

만장 첫머리에는 "謹吊"라 쓰고 만장의 본문을 쓴 다음, 맨 끝에 쓴 사람의 성명을 쓰되 "○○(본관) 後人 ○○○(성명) 哭 再拜"라 쓴다.

| 참고 | **공포**(功布)

공포는 상여의 길잡이 역할을 하며 관(棺)을 묻을 때 관 위의 먼지를 터는데 쓰인다. 흰 무명을 석자 길이로 잘라서 명정(銘旌)처럼 대나무에 매단다. 발인할 때 명정과 같이 앞에 세우고 간다.

13) 운구(運柩)

영구를 운반하여 장지(葬地)까지 가는 것을 말한다. 운구하는 도중에는 상주이하 모두 곡하면서 따른다. 다만 장지가 멀어서 도저히 걸어서 갈 수 없는 경우에는 상주나 자질(子姪)들이 모두 검소한 수레를 타고 가다가 묘소 300보쯤 떨어진 곳에서 내려 걸어간다.

상여로 운구할 때 묘소에서 가는 도중에 노제(路祭)를 지내기도 하는데 이는고인(故人)과 친한 조객이나 친척 중에서 뜻있는 사람이 스스로 음식을 준비했다가 지내는 것이다

만일 묘소가 멀 때는 매 30리마다 영구 앞에 영좌를 만들고 조석으로 곡하며제사를 올린다. 또 조석 식사 때가 되면 상식(上食)을 올리고, 밤이면 상주 형제는모두 영구 곁에서 잔다.

| 참고 | **노제**(路祭)

집을 출발하여 묘지에 이르는 도중 거리에서 지내는 제사이다. 고인과 절친했던친구나 친척이 조전자(弔奠者)가 되어 제물을 준비했다가 올리는 데, 운구 도중 적당한 장소에 장막을 치고 제청을 꾸민 뒤 영여(靈輿)를 모시고 조전자가 분향 후 술을 올리고 제문(祭文)을 읽으면 모두 재배(再拜) 한다.

14) 하관(下棺)

관(棺)을 무덤의 구덩이(壙中)에 내리는 것을 말한다.

하관할 때 상주들은 곡을 그치고 하관하는 것을 살펴본다. 혹 다른 물건이 광중(壙中)으로 떨어지거나 영구가 비뚤어지지 않는가를 살핀다. 하관이 끝나면 흰 솜으로 관을 깨끗이 닦고 나서 구의(柩衣)와 명정(銘旌)을 관에 반듯하게 덮는다.

집사가 현훈(玄纁)을 가져다가 상주에게 주면 상주는 이것을 받아서 축관에게 주고 축관은 이것을 받들고 광중에 들어가 관의 동쪽, 즉 죽은 사람의 왼편에 바친다. 이때 상주가 두 번 절하고 머리를 조아리고 나면 모든 사람들이 슬피 곡한다. 현훈(玄纁)이란 폐백으로 쓰는 흑색과 홍색의 비단을 말하는데, 이것은 동심결로 묶는다.

15) 성분(成墳)

흙과 회(灰)로 광중(壙中)을 채우고 흙으로 봉분을 만드는 것을 말한다. 지석(誌石)을 묻는 경우에는 묘지가 평지에 있으면 광중 남쪽 가까운 곳에 묻고, 가파른 산기슭에 있으면 광중 남쪽 몇 자쯤 되는 곳에 묻는다.

이때 제주(題主)라 하여 신주(神主)를 쓰는데, 집사가 미리 영좌 동남쪽에 책상을 준비하면 축관이 미리 준비한 신주를 꺼내 놓고, 글씨 잘 쓰는 사람을 시켜 쓰게 한다.

다 쓰고 나면 축관이 신주(神主)를 받들어 영좌(靈座)에 모시고 혼백(魂帛)은 상자에 넣어서 그 뒤에 놓는다. 이어 향을 피우고 주인 이하 모두 두 번 절하고 슬피 곡한다.

성분했을 때는 제물을 올리고 제사를 지낸다. 이때 축문을 읽고, 신주를 쓴 뒤에는 향만 피우고 축문을 읽는다. 이 절차가 끝나면 혼백(魂帛)을 모시고 집으로 돌아온다.

| 참고 | **지석**(誌石)

돌 두 개를 준비하여 장례 지내는 날 묘지 근처에 묻어 누구의 묘인가를 알게 한다.

윗돌(上蓋)에는 "某官某公之墓"라 새기고, 아랫돌(下底)에는 성명과 자(字), 출생일과 사망일, 출생지, 가족관계, 관직 약력 등을 적는데, 이 두 개를 포개어 묻는다.

요즘에는 돌 대신에 벽돌이나 도자기 구운 것을 사용하기도 한다.

16) 반곡(反哭)

장례가 끝난 뒤 상주 이하가 요여(腰輿, 신주를 모시고 돌아오는 작은 가마)를 모시고 귀가하면서 곡하는 것을 말한다.

집 대문이 보이면 다시 곡을 한다. 집사는 영좌를 미리 만들어 놓았다가 상주가 집에 도착하면 축관으로 하여금 신주(神主)를 모시게 하고 신주 뒤에 혼백함을 모신다. 그러면 상주 이하가 그 앞에 나아가 슬피 곡을 한다.

장지(葬地)에서 신주(神主)를 집으로 가져오는 것을 반혼(返魂) 혹은 반우(返虞)라 하는데 이는 혼(魂)을 집으로 다시 모셔오는 의식이다. '혼비백산(魂飛魄散)'이란 말은 사람이 죽으면 혼(魂)은 하늘로 올라가고 넋(魄)는 흩어진다는 뜻이다.

우리 선조들은 혼(魂)은 주검에 머물지 않고 고인의 관등성명(官等姓名)을 적은 신주(神主)에 머문다고 생각했다. 그래서 제사를 지낼 때면 신주(神主)를 모시거나 지방(紙榜)을 써 붙임으로써 영혼을 맞이했다.

✽ 흉제(凶祭)

초우(初虞)에서 길제(吉祭)까지의 의식을 말한다.

17) 초우(初虞)

초우는 장례를 지낸 날 지내는 제사이다. 만일 집이 멀어서 당일로 돌아올 수가 없을 때는 도중에 자는 집에서라도 지내야 한다.

이때 상주 이하 모두가 목욕을 하지만 머리에 빗질은 하지 않는다. 이 초우부터 정식으로 제사를 지내는 것이기 때문에 제물 이외에 채소와 과일도 쓰며, 제사를 지내는 동안 상제들은 방 밖으로 상장(喪杖)을 짚고 서며, 그 밖의 참 사자들은 모두 영좌 앞에서 곡한다.

초헌(初獻)과 아헌(亞獻), 종헌(終獻)이 끝나고 유식(侑食)을 하고 나면 상주 이하 는 모두 밖으로 나가고, 합문(闔門)과 계문(啓門)이 끝나면 다시 모두 들어가서 곡 한다.

이러한 절차가 다 끝나면 축관이 혼백을 묘소 앞에 묻는다.

18) 재우(再虞)

초우가 지난 후 유일(柔日)을 당하면 재우를 지내는데, 유일은 십간(十干) 중에 을(乙), 정(丁), 기(己), 신(辛), 계(癸)에 해당하는 날이다.

제사 지내는 법은 초우 때와 마찬가지이다. 하루 전에 제기(祭器)를 정리하고 음식을 마련한다. 당일 동이 트면 일찍 일어나 채소와 과일과 술과 반찬을 진설하고 날이 밝으려고 할 때 지낸다.

19) 삼우(三虞)

재우를 지낸 뒤 강일(剛日)을 당하면 삼우를 지낸다. 강일이란 십간(十干) 중에 갑(甲), 병(丙), 무(戊), 경(庚), 임(壬)에 해당하는 날이다. 제사 지내는 절차는 초우 재우 때와 마찬가지이다.

20) 졸곡(卒哭)

삼우가 끝난 후 3개월이 지나서 강일(剛日)을 당하면 지낸다. 제사 지내는 절차는 삼우 때와 다를 것이 없고, 다만 이로부터는 비록 슬픈 마음이 들어도 무시로 곡하지 않고 조석 상식을 올릴 때만 곡(朝夕哭)을 한다.

졸곡이 지난 후부터는 상주 형제들은 채소와 밥을 먹고 물도 마신다. 그러나 과일은 먹지 않는다. 잠 잘 때는 목침(木枕)을 벤다.

졸곡(卒哭) 이전에는 살아있는 사람의 예로 모시며, 졸곡(卒哭) 이후에는 돌아가신 분이 이미 귀신이 되기 때문에 귀신의 예로서 모신다.

21) 부제(祔祭)

졸곡을 지낸 다음날 지내는 제사로서 새 신주(神主)를 조상 신주 곁에 모실 때 지낸다. 이 제사도 졸곡 때와 같이 차리지만 다만 사당(祠堂)에서 지낸다는 것이

다르다.

신주(神主)를 모실 때는 축관이 독(櫝, 신주를 넣어두는 패)을 열고 먼저 조고(祖考)의 신주를 받들어 내다가 영좌에 놓고, 다음으로 내집사(內執事)가 조비(祖妣)의 신주를 받들어 내다가 그 동쪽에 놓는다.

이 절차가 끝나면 상주 이하가 영좌(靈座)로 나가 곡하고, 축관이 새 신주(神主)의 주독(主櫝)을 받들고 사당으로 들어가 영좌에 놓는다. 새 신주를 모실 때는 향을 피운다.

여기에서부터는 우제(虞祭) 때와 같이 제사를 지내고 초헌 후에 축문을 읽고 나서 먼저 모셔 내온 조고 조비의 신주를 도로 모시고 새 신주를 모시는 것으로 제사를 끝낸다.

22) 소상(小祥)

초상을 치른 지 만 1년이 되는 날 지내는 제사이다. 소상은 윤달과 상관없이 13개월 만에 지낸다. 옛날에는 날을 받아서 지냈으나 요즘은 첫 기일(忌日)에 지낸다. 제사 절차는 졸곡과 같다.

이때 연복(練服)을 입게 되므로 이것을 준비해야 되고, 남자는 수질(首絰, 상복을 입을 때 머리에 두르는 짚과 삼으로 만든 테)을 벗고 주부는 요질(腰絰, 상복에 삼으로 만든 띠)을 벗는다. 또 기년복(朞年服)만 입는 사람은 길복(吉服)으로 갈아입는다.

연복(練服)이란 빨아서 다듬는 옷을 말한다. 제사를 지내기 시작하면 강신(降神)

하기 전에 모든 복인이 연복(練服)으로 갈아입고 들어가 곡하는데 강신(降神)에서 사신(辭神)까지의 의식 절차는 역시 졸곡 때와 같다.

23) 대상(大祥)

초상 후 만 2년 만에 지낸다. 그러므로 초상이 난후 25개월 만에 지내는 셈이다. 남편이 아내를 위해서는 13개월 만에 지낸다.

제사의 절차는 소상 때와 같다. 사당에는 새 신주를 모셔야 하므로 먼저 고하고, 대상이 끝나면 즉시 부묘(祔廟)한다.

이 제사는 남자는 백직령(白直領)에 백립(白笠)을 쓰고 백화(白靴)를 신으며, 부인은 흰 옷에 흰 신을 신는다.

이 제사로 상복(喪服)을 벗고, 젓갈이나 간장, 포 같은 것을 먹는다. 대상이 끝나면 궤연(几筵, 죽은 사람의 혼백이나 신주를 놓는 상과 그에 딸린 물건들)을 없애므로 신주는 당연히 사당(祠堂)으로 모시게 된다.

24) 담제(禫祭)

대상을 지낸 후 두 달이 되는 달에 지낸다. 초상으로부터 27개월에 지내고 윤달도 역시 따진다. 남편이 아내를 위해서는 15개월 만에 지낸다. 전달 하순(下旬) 중으로 택일을 하는데 정일(丁日)이나 해일(亥日)로 고른다.

날짜가 결정되면 상주는 사당에 들어가 감실 앞에서 두 번 절하고 그 자리에 있던 사람들도 모두 재배한다. 이 절차가 끝나면 담제를 지내는데, 제사 절차는 대상 때와 같다.

이 제사가 끝나면 비로소 술을 마시고 고기를 먹는데, 술을 마시기 전에 먼저 식혜를 마시고 고기를 먹기 전에 먼저 건육(乾肉)을 먹는다.

25) 길제(吉祭)

담제(禪祭)를 지낸 이튿날 날짜를 정해서 지내는데, 담제를 지낸 달 중에서 정일(丁日)이나 해일(亥日)로 정한다.

날짜가 정해지면 담제 때와 같이 먼저 사당에 고한다. 아버지가 먼저 죽어 사당에 들어갔으면 어머니 초상이 끝난 후에 따로 길제를 지낸다.

이때 입는 길복(吉服)은 3년상을 다 마친 다음에 입는 평복을 말한다. 날이 밝아서 제사를 지낼 때에는 상주 이하가 모두 자기 자리에서 화려한 옷으로 바꾸어 입고 사당 앞에 가서 뵙는다.

그 밖의 절차는 보통 때의 제사와 같다, 제사가 끝 난 후에는 대(代)가 지난 신주는 묘소 곁에 묻는다. 신주를 묻을 때 묘에 고하는 절차는 없으나 주과(酒果)를 올리고 절한다.

삼년상(三年喪)

우리 선조들은 부모님이 돌아가시면 삼년상을 치르는 것을 도리라 여겼다.

부모님이 돌아가시면 무덤 근처에 여막(廬幕)을 짓고 거처하며, 아침 저녁으로 상식(上食:식사를 올리는 것)을 차리고 매월 초하루(1일)와 보름(15일)에 삭망전(朔望奠)을 지내며, 밖에 볼일이 있어서 나갈 때도 영좌(靈座)에 나아가 고하고 들어오면 고하여서 마치 살아 있는 이를 섬기듯이 한다.

밖에 나가 다닐 때에는 하늘을 볼 수 없는 죄인이라 하여 머리에 방립(方笠)을 쓰고 포선(布扇)으로 얼굴을 가린다. 그리고 술과 고기를 먹지 않는다.

죽은 지 2돌이 되어 대상(大祥)을 지낼 때 상복을 벗고, 신주(神主)를 사당에 옮겨서 거상을 마친다. 그러나 여전히 흰 옷을 입고 술과 고기를 먹지 못한다. 대상을 지낸 두 달 후에 담제(禫祭)를 지내고 나서 탈상한다. 가족들 역시 삼년동안은 음주를 삼가고 상복을 입고 있다가 삼년이 되면 탈상(脫喪)이라 해서 상복을 벗었다.

삼년동안 시묘(侍墓)살이를 하는 것은 공자시대 이전의 오래된 습속으로 공자 당시에도 문제가 제기되었다.

논어 양화 편에 보면 공자(孔子) 제자 중 가장 언변이 뛰어나고 논리적이었던 재아(宰我)와의 문답이 나온다.

재아가 묻기를 "삼년상은 너무 길지 않습니까? 군자가 삼년 동안 예(禮)를 닦지 않는다면, 예는 반드시 무너질 것입니다. 또 삼년 동안 악(樂)을 멀리한다면 음악도 반드시 무너질 것입니다. 작년에 수확한 곡식은 이미 다 떨어지고 올해 추수한 곡식이 새롭게 등장하지 않았습니까? 나무를 비벼 얻은 불씨는 일 년이면 새로운 나무로 바꾸어 불씨를 일으킵니다. 저는 일년상(喪)이면 충분하다고 생각을 합니다."

宰我問 三年之喪 期已久矣 君子三年不爲禮 禮必壞 三年不爲樂 樂必崩舊穀旣沒 新穀旣升 鑽燧改火 期可已矣.

＊ 찬수개화(鑽燧改火) : 일 년의 의미를 내포하고 하는 것으로, 찬(鑽)은 끌을 말하고, 수(燧)는 부싯돌을 말하는 것으로 계절마다 나무를 바꾸어 불을 얻음으로써 일 년을 이룬다. 봄에는 느릅나무와 버드나무, 여름에는 대추나무와 살구나무와 뽕나무, 가을에는 갈참나무와 섭나무, 겨울에는 느티나무와 박달나무에서 불씨를 취한다.

공자께서 이르시기를 "쌀밥을 먹고 비단옷을 입는 것이 너에게는 편안하더냐?" 이르기를 "편안하옵니다." "네가 편안하다면 그리 하여라. 무릇 군자는 거상(居喪)함에 맛있는 음식을 먹어도 달지가 않고, 음악을 들어도 즐겁지가 않으며, 거처(居處)함에도 편안하지 않은 까닭에 그리 않는 것이다. 지금 네가 편안하다면 그리 하거라."

子曰 食夫稻 衣夫錦 於女安乎 曰安 女安則爲之 夫君子之居喪 食旨不甘 聞樂不樂
居處不安 故 不爲也 今女安則爲之

재아가 나가니 공자께서 이르시기를 "재아는 어질지가 못하구나. 자식은 태어나
삼 년 뒤에서야 부모의 품에서 벗어나니, 실로 삼년상(三年喪)은 천하의 공통된 상례
(喪禮)이다. 재아도 삼 년간 부모로부터 사랑이 있었을 것인가?"

宰我出 子曰 予之不仁也 子生三年然後 免於父母之懷 夫三年之喪 天下之通喪也
予也有三年之愛於其父母乎

공자께서는 "자식은 태어나 삼 년 뒤에서야 부모의 품에서 벗어나니, 실로 삼년상
(三年喪)은 천하의 공통된 상례(喪禮)이다." [子生三年然後 免於父母之懷 夫三年之喪
天下之通喪也]라고 말씀하고 있다.

이 말은 사람이 태어나서 세살이 되어야 비로소 부모님의 품에서 벗어나 사
람구실을 할 수 있기 때문에 부모님이 돌아가시면 어릴 적 삼년 정성에 보은(報
恩)의 뜻으로 삼년상을 지내는 것이 천하의 도리라고 말씀하고 있다.

여기에서 우리는 공자 당시에 이미 삼년상이 보편적으로 시행되었음을 추정
할 수 있으며, 우리 속담에 '세 살 버릇 여든까지 간다'는 말이 있는데 이는 3년
동안 부모의 보살핌을 받은 이후에야 비로소 혼자 사람 구실을 하기 시작되는
것으로 여겼음을 잘 알 수 있다.

| 참고 | **신주(神主) 위패(位牌) 지방(紙榜)**

모든 제사에는 제사를 받는 대상자를 상징하는 신위(神位)를 설치한다. 신위에는 예로부터 시동(尸童), 신주(神主), 위패(位牌), 사판(祠版), 소상(塑像), 동상(銅像), 지방(紙榜), 초상화 등이 사용되었고, 현대에는 사진도 사용되고 있다. 제사 중에는 이들 신위에 신이 깃들이는(依憑) 것으로 믿어졌다.

▶ 시동(尸童)
제사를 지낼 때 신위(神位) 대신으로 앉히던 어린아이.

▶ 신주(神主)
신주(神主)는 나무 위를 등근 직육면체로 다듬어 그 위에 죽은 이의 친속 관계, 관작과 봉사자의 이름 등을 쓴 것으로 신주에 사용되는 나무는 중국 하(夏)나라 때는 소나무를, 은(殷)나라 때는 잣나무를, 주(周)나라부터는 밤나무를 사용하였다. 이들 나무는 각기 그 나라의 사당이 있던 지역의 토양에서 잘 자라던 나무를 사용한 것이라고 한다.

지금은 밤나무(栗木)를 사용하는데, 밤나무는 한문으로 서(西)쪽 나무(木)로, 서쪽은 죽은 사람의 방위이며 밤나무가 매우 단단하기 때문이다.

두 쪽의 나무판을 맞대어 제작하는데 앞판에는 한가운데에 죽은 이의 친속, 관작, 시호 등을 쓰고 왼쪽에 봉사자의 친속과 이름을 쓴다. 뒤판에는 한가운데 아래로 길게 홈을 파고 거기에 죽은 이의 관작과 성명을 쓴다. 뒤판의 좌우에는 바람이 통하도록 등글게 구멍을 뚫어 둔다. 신주는 이 두 판을 맞붙여 받침대에 꽂아 세워 나무 상자 속에 담아 보존한다.

신주는 장례식 때 묘지에서 제작되어 3년간 빈소에 모셨다가 담제를 지낸 후 사당에 모신다.

신주의 크기는 길이 25cm, 넓이 6cm, 두께 3cm 정도로 잘라 위쪽은 둥글게 하고 아래는 방형으로, 천원지방(天圓地方)에 따라 위가 둥근 것은 하늘을 상징하고 아래가 모진 것은 땅을 상징한다. 바닥은 백색분을 접착제에 개어 칠하고 그 위에 글씨를 쓴다.

▶ 위패(位牌)

위패는 그 형태가 신주와 비슷하지만 제작법은 간단하다. 한 토막의 직육면체 나무를 다듬어서 그 위에 죽은 이의 친속과 관작 등을 쓴 것으로 약식 신주라고 할 수 있다. 이는 주로 불교 사찰에서 사용되고 있다.

▶ 지방(紙榜)

중국 송(宋)나라 때부터 신주(神主) 대신 일회용으로 사용되기 시작한 것으로 우리나라에서는 조선 초기부터 사용되었다. 신주를 모시는 사당(祠堂)의 건설과 관리가 쉬운 일이 아니었기 때문에 양반이 아닌 경우는 신주를 모시지 못하고 그 대신 지방을 사용하는 경우가 많았다. 지방은 제사 직전에 만들었다가 제사를 마치면 소각하는 것이기 때문에 제작이나 관리가 매우 간편하여 지금도 많이 쓰인다.

▶ 사판(祠板)

위판(位版)이라고도 하며 신주(神主) 형태의 넓적한 목판에 죽은 이의 관작이나 호 등을 쓴 것으로 성균관, 향교, 서원 등에서 주로 사용하고 있다.

▶ 소상(塑像)

찰흙으로 만든 사람의 형상.

▶ 동상(銅像)

구리로 만든 사람의 형상(形像).

▶ 영정(影幀)

제사나 장례를 지낼 때 위패 대신 쓰는 사람의 얼굴을 그린 족자.

▶ 사진(寫眞)

예전에는 신주 위패 지방대신 영정(影幀)을 사용하기도 하였으나 요즘은 사진을 사용하는 경우가 늘고 있다.

사진만 모실 수도 있고, 신주나 위패를 함께 모실 수도 있다. 함께 모실 때에는 남자 조상의 사진은 위패의 왼쪽에 모시고, 여자 조상의 사진은 위패의 오른쪽에 모신다. 이는 사진과 위패를 함께 모실 때 위패가 주(主)가 되고 사진이 보조역할을 하는 것으로 보기 때문에 위패를 중앙에 모시기 위해서이다.

현대식 상례

現代式 喪禮

현대식 상례(喪禮)

❊ 가정의례준칙에 의한 상례 절차

준 비	1일	2일	3일	장례 이후
상례(喪禮) 준비	임종(臨終) ⇩ 수시(收屍) ⇩ 발상(發喪) ⇩ 부고(訃告)	염습(殮襲) ⇩ 입관(入棺) ⇩ 성복(成服)	발인(發靷) ⇩ 운구(運柩) ⇩ 매장(埋葬)·화장(火葬) ⇩ 위령제(慰靈祭)	삼우(三虞) ⇩ 탈상(脫喪)

❊ 1일

임종(臨終) ⇨ 수시(收屍) ⇨ 발상(發喪) ⇨ 부고(訃告)

❊ 2일

염습(殮襲) ⇨ 입관(入棺) ⇨ 성복(成服)

❊ 3일

발인(發靷) ⇨ 운구(運柩) ⇨ 매장(埋葬) ⇨ 화장(火葬) ⇨ 위령제(慰靈祭)

❊ 장례후

삼우(三虞) ⇨ 탈상(脫喪)

기타 뒷처리

1. 임종(臨終)

돌아가실 때 이를 곁에서 지켜보는 것을 말한다. 평소에 입던 옷 중에서 흰색이나 엷은 색의 깨끗한 옷을 갈아 입히고 거처하던 방과 운명한 뒤 모실 방도 깨끗하게 치워둔다.

유언이 있으면 이를 기록하거나 녹음해 둔다. 돌아가시기 전에 보고 싶어 하는 분이 있으며, 속히 연락하여 임종할 수 있도록 해야 한다. 임종하면 방을 차갑게 한다.

|참고| 운명, 임종의 개념

▶ 운명(殞命) : 사람이 죽는 것을 높여서 하는 말로 절명(絶命) 종신(終身) 등을 사용하기도 한다.
  * 절명(絶命) 사용례 : "솜을 코와 입에 얹어 절명이 확인되면" 등
  * 종신(終身) 사용례 : "종신을 보지 못했다" 등
▶ 임종 : 종신, 절명, 운명을 맞이한다는 뜻으로 운명(殞命)하는 것을 옆에서 지켜보는 것을 의미한다. 그러므로 "아버님의 임종을 보지 못한 불효자식입니다"가 아니라 "아버님의 임종도 못한 불효자식입니다"라고 하는 것이 바른 표현이다.

2. 수시(收屍)

시신이 굳기 전에 몸을 반듯하게 하는 것을 수시(收屍)라 한다. 돌아가시면 먼

저 눈을 곱게 감도록 쓸어내리고 몸을 반듯하게 한 다음 손과 발을 매만져 가지런히 하고, 머리를 약간 높게 하여 괴고 깨끗한 솜으로 코와 귀를 막고 깨끗한 흰색 홑이불로 머리에서 발끝까지 덮는다.

수시가 끝나면 병풍이나 장막으로 가린 후 그 앞에 고인의 사진을 모시고 촛불을 켜고 향을 피운다. 사진 대신 지방(紙榜)이나 혼백(魂帛)을 모시기도 한다.

3. 발상(發喪)

초상(初喪)이 난 것을 외부에 알리고 일을 발상(發喪)이라 한다. 수시(收屍)가 끝나면 가족은 검소한 옷으로 갈아입고 애도하고 근신한다.

근조(謹弔)라고 쓰인 등을 달아 놓거나 상중(喪中) 또는 기중(忌中)이라 쓰인 종이를 대문에 붙여 외부인들에게 초상을 알린다.

| 참고 | **장례진행관련 역할 분담**

상을 당하면 호상(護喪), 회계, 손님접대, 기록 등의 역할분담을 정하고 장례진행계획을 세우도록 한다.

▶ 상주(喪主), 상제(喪制), 복인(服人)
- 상주(喪主) : 부모상엔 장자(長子) 내외가 주상(主喪) · 주부(主婦), 장자내외가 없으면 장손자내외가 주상 · 주부가 된다. (상처喪妻한 경우에는 남편이 주상이 된다.)
- 고인의 배우자와 직계비속은 상제(喪制)가 된다.
- 복인(服人)의 범위는 망인의 八촌 이내 친족으로 한다.

▶ 호상(護喪)

• 호상(護喪) : 장례를 치르는 데 일체의 일을 주관하여 맡아보는 사람으로 상주(喪主)는 상례경험이 많은 사람을 호상으로 정한 후 부고, 택일, 장지, 사망신고, 화(매)장 신청 장의사의 선정 등 장례의 모든 업무를 지휘 감독하도록 한다.

| 참고 | **사망신고 및 매장신고**

▶ 사망진단서발급(병원)

▶ 사망 신고

관할주소지 시·군·구청 또는 읍·면·동 주민 센터에 사망사실을 안 날로부터 1개월 이내 사망신고

▶ 매장 신고

주검을 매장할 경우 30일 안에 일선 시·군·구청(또는 읍·면·동사무소)에 '매장신고'를 해야 한다. 매장 신고를 안 할 경우 장사법 제37조 제1항 제1호의 규정에 의하여 300만원 이하의 과태료가 부과된다.

▶ 화장 신고

화장을 하고자 하는 경우에는 사전에 화장장을 관할하는 시, 도 또는 시장, 군수, 구청장(또는 읍·면·동사무소)에 신고해야 한다. 화장 신고를 하지 아니한 경우에는 300만원 이하의 과태료가 부과된다.

4. 부고(訃告)

장일(葬日)과 장지(葬地)가 결정되면 친척과 친지들에게 이를 알린다.

| 참고 | 인쇄물에 의한 개별고지 금지

가정의례준칙에는 인쇄물에 의한 개별고지는 금지되어 있다. 부고는 가까운 친척들, 직장동료들에 한해 전화로 하고 특히 사회지도층 인사의 경우 신문 부고란을 이용하여 직접적 연관이 없는 불특정 다수에게까지 알리는 지나친 낭비는 삼가야 한다.

5. 염습(殮襲)

운명한 지 만 하루가 지나면 시신을 깨끗이 닦고 수의(壽衣)를 입히는 것을 염습(殮襲)이라 한다. 장례에서 가장 전문성이 요구되는 중요한 절차라 할 수 있다.

목욕물과 수건을 준비하고, 여러 벌의 수의를 한 번에 입힐 수 있도록 준비해 둔다. 시신을 깨끗이 닦은 후 겹쳐진 옷을 차례로 입힌다. 옷고름은 매지 않으며 옷깃은 오른쪽으로 여민다. 옷을 다 입히면 손발을 가지런히 놓고 이불로 싼 뒤 베로 묶는다.

6. 입관(入棺)

염습이 끝난 시신(屍身)은 바로 관(棺)에 넣는다. 관을 맞출 때는 시신의 키와 몸

집에 맞게 하며 시신이 관 안에서 흔들리지 않도록 빈 공간을 깨끗한 벽지나 마포 등으로 채운다. 시신을 고정시키고 홑이불(天衾)로 덮고 관 뚜껑을 덮은 다음 나무못(隱釘)을 박는다.

입관이 끝나면 관 위에 관상명정(棺上銘旌)을 쓰고 노끈으로 묶는다. 관 밑에 나무토막을 깔고 안치한 다음 홑이불(관보)로 덮어둔다. 관은 병풍으로 가린다.

* 관상명정(棺上銘旌) (직함 본관 성명의 널)
  예) 兵曹判書 活貧洪公 吉童之柩(병조판서 활빈 홍길동 널)

| 참고 | **명정**(銘旌)

장사지낼 때 죽은 사람의 신분을 밝히기 위해 품계·관직·성씨 등을 기재하여 상여 앞에서 길을 인도하고 하관(下棺)이 끝난 뒤에는 관 위에 씌워서 묻는 기(旗)로 명기(銘旗)라고도 한다.

장렬도(葬列圖)에 의하면 장렬의 제일 앞에는 방상시(方相氏)가 서고 그 다음에 명정이 따르게 되어 있다.

명정은 일반적으로 붉은 천을 사용하며 규격은 너비 2자, 길이는 9자이며 흰색으로 글씨를 쓴다. 아래와 위에 축(軸)을 만들고 가장자리에 수술을 단다.

명정에는 관직 등 직함이 있는 경우는 "직함 ○○, 본관 ○○, 성명 ○○○의 구(柩)"라고 쓰며, 직함이 없을 경우는 남자는 처사(處士) 또는 학생(學生) ○○○(본관과

성) 공(公) ○○(이름)지구(之柩) 쓰고, 여자는 유인(孺人) ○○○(본관과 성)씨지구(氏之柩) 라고 쓴다.

| 참고 | **영좌**(靈座)

영좌(靈座)란 고인의 영혼을 임시로 모셔 두는 장소이다. 입관(入棺) 후에 관을 병풍 으로 가린 후 병풍 앞에 상(床)을 놓고 고인의 영정(影幀, 사진)을 모신 뒤 좌우에 촛불을 밝히고 향을 피운다. 고인이 생전에 사용하던 물건들도 진설한다.

7. 성복(成服)

입관 후 복제(服制)에 따라 상복(喪服)을 입는 것을 말한다. 입관이 끝나고 영좌 (靈座)를 마련한 뒤 상제(喪制)와 복인(服人)은 성복을 한다. 이는 몸을 삼가고 부정 을 피하는 의미를 가진다.

정통 상복인 굴건제복(屈巾祭服)을 입는 경우가 줄어들고, 일반적으로 남자는 검은 양복에 흰 와이셔츠를 입고 검은 넥타이를 매며, 여자는 흰색 치마저고리 를 입고 흰색 버선과 고무신을 신는다. 집안에 따라 여자 상제들이 검은색 양장 을 하기도 한다.

＊ 굴건제복(屈巾祭服) : 상주(喪主)가 머리에 쓰는 굴건과 상복(喪服). 굴건은 거 친 삼베를 사용하여 만든 것으로, 상주가 상복(喪服)을 착용할 때에 두

건 위에 덧쓴다.

복인(服人)은 검은색 헝겊이나 삼베로 만든 완장이나 상장(喪章)을 착용한다.

성복을 한 후에 외인의 문상(問喪)을 받는다. 성복 전에는 손님이 와도 빈소 밖에서 곡(立哭)하고, 성복 후에야 비로소 정식으로 조문한다. 상복(喪服)을 입는 기간은 장일까지로 하고 상장(喪章)을 다는 기간은 탈상까지로 한다.

| 참고 | **조문(弔問)**

조문객의 옷차림은 남자의 경우 검정색 양복에 흰 와이셔츠로 하고 넥타이 양말 구두는 검은색으로 하며, 여성의 경우 검정색 상하의에 검정색 구두를 착용한다.

조문객은 호상소(護喪所)로 가서 조문록에 서명하고 영좌(靈座) 앞에 분향하고 두 번 절한다. 이어 상주가 절을 하면 조문객은 답배한 후 유족들을 위로한다. 조문객에게는 음식이나 간단한 다과를 대접한다.

8. 발인(發靷)

발인(發靷)이란 영구(靈柩)가 상가(喪家)나 장례식장을 떠나는 것이다. 발인에 앞서 간단한 제물을 차려 놓고 제사를 올리는데 이는 고인과 마지막 작별을 하는 의식으로 이를 발인제(發靷祭) 혹은 영결식(永訣式)이라 한다.

의식은 ① 개식(開式) ② 상주 및 상제 분향재배 ③ 고인 약력 소개 ④ 조사(弔辭)

및 조객분향 ⑤ 호상 인사 ⑥ 폐식(閉式)의 순으로 진행한다.

발인제에서 축관이 발인축을 읽는 모습 · 사진 : 한국학중앙연구원

9. 운구(運柩), 행상(行喪)

발인제가 끝난 뒤 영구(靈柩)를 장지나 화장장까지 장의차나 상여 등으로 운반하는 것을 말한다.

장의차를 이용할 경우 상제는 영구를 차에 싣는 것을 지켜본다. 승차 때는 명정(銘旌), 영정(影幀), 상제(喪制), 조객(弔客)의 순으로 오른다. 상여를 이용할 때는 명정(銘旌), 영정(影幀), 영구(靈柩), 상제(喪制), 조객(弔客)의 순으로 행렬을 지어 간다.(「건

| 참고 | **만장**(輓章)

   죽은 사람을 애도하며 지은 글로서, 비단이나 종이에 쓴 다음 기(旗)를 만들어 상여 뒤를 따르는데 가정의례준칙에서는 사용을 금하고 있다.

10-1. 매장(埋葬)

1) 하관(下棺)

   장지에 도착하면 장의차나 상여에서 관을 내려 광중(壙中)에 넣는다. 광중이란 관을 묻기 위하여 파 놓은 구덩이이다. 관을 들어 수평이 되게 하여 좌향(坐向)을 맞춘 다음 반듯하게 내려놓는다.

하관 후에는 명정(銘旌)을 관 위에 덮고 나무나 넓은 돌로 횡대(橫帶)를 설치한다. 횡대를 설치하는 것은 관이 썩어 해체될 때 흙이 내려앉는 것을 막기 위해서이다.

횡대를 덮고 나면 상주는 '취토(取土)'를 세 번 외치면서 흙을 관위에 세 번 뿌린다.

| 참고 | **천광(穿壙)**

시신을 묻기 위하여 구덩이(壙中)를 파는 것으로, 천광은 깊이 1.5미터 정도로 출상하기 전에 미리 준비한다. 이때 토지신을 달래는 개토제(開土祭)를 지내는데 술·과일·포·식혜 등을 진설하고 제사를 지낸다.

2) 성분(成墳)

상주의 취토가 끝나면 석회와 흙을 섞어서 관을 완전히 덮고 발로 밟아 다진다. 광중을 다 메우고 나면 평평하게 고르고 다지기를 하는데 이를 평토(平土)라 한다. 평토를 한 다음 흙을 둥글게 쌓아 올려 봉분(封墳)을 만들고 잔디를 입힌다.

평토(平土) 후 지석(誌石)을 무덤의 오른쪽 아래에 묻고 봉분을 만드는데 이는 나중에 봉분이 허물어지더라도 누구의 묘인지를 알수 있도록 하기 위해서이다.

10-2. 화장(火葬)

요즘은 매장을 하지 않고 화장을 하는 경우가 많다. 화장을 하려면 의사가 발급한 사망진단서를 발급 받아 거주지 관할 읍·면·동사무소에 가서 사망신고를 하고 화장신고증을 교부 받아야 한다.

화장터에 가서 화장신고증을 제출하고 순서를 기다린다. 화장하기 전에 유족들은 마지막으로 분향을 하고 화장이 끝난 후 유골을 인계받아 납골묘나 납골당에 안치하거나 자연장을 한다.

11. 위령제(慰靈祭)

성분(成墳)이 끝나면 영좌(靈座)를 묘소 앞에 옮겨 간소한 제수(祭需)를 진설하고 제를 올리는데 이를 위령제(慰靈祭) 혹은 성분제(成墳祭)라 한다. 화장(火葬)의 경우는 영좌를 유골함으로 대신한다.

위령제는 ① 분향 ② 헌작(獻酌) ③ 독축(讀祝) ④ 재배(再拜)의 순으로 한다.

| 참고 | **위령제 축문**(慰靈祭 祝文)

아들(또는 손자) ○○는 아버님(또는 할아버님) 영전에 삼가 고하나이다. 오늘 이곳에 유택을 마련하였사오니 고이 잠드시고 길이 명복을 누리옵소서. ○○년 ○○

월 ○○일

반우란 혼백(魂帛)을 모시고 집에 돌아온다는 뜻으로 반혼(返魂)이라고도 한다. 묘소에서 위령제가 끝나면 집으로 돌아와 그 날 영혼을 집에 맞아들이는 반우제를 지내는 데 이를 초우(初虞)라고도 한다. 반우제는 제물을 생략하고 배례나 묵도로 대신하기도 한다.

12. 삼우(三虞)

장례 후 3일째 되는 날에 성묘(省墓)를 하고 봉분이 잘 되어 있는지 살피고 간단한 제사를 올린다. 이를 삼우(三虞)라 한다.

장지(葬地)에서 돌아온 당일 저녁 영좌(靈座)에 혼백(魂帛)을 모시고 초우(初虞)를 지내며, 이튿날 아침에 재우(再虞)를 지내고 3일 만에 첫 성묘를 가서 삼우(三虞)를 지낸다. 요즘은 초우(初虞) 재우(再虞)는 생략한다.

13. 탈상(脫喪)

상기(喪期)가 끝난 후 복(服)을 벗는 절차이다. 이때 지내는 제사가 탈상제인데 제사 지내는 방법은 기제(忌祭)에 준한다.

건전가정의례준칙 제13조에는 부모·조부모와 배우자의 상기(喪期)는 사망한 날부터 100일까지로 하고, 그 밖의 사람의 상기는 장일(葬日)까지로 규정하고 있다.

　전통상례에서는 3년 탈상(脫喪)이었으나 현재는 1년 혹은 100일 탈상이 일반적이다. 돌아가신지 만 1년이 되는 첫 기일(忌日)에 소상(小祥)을 모시고, 2년째 되는 기일(忌日)에 가족과 가까운 친척이 모여 대상(大祥)을 지낸다.

종교식 상례

宗教式 喪禮

종교식 상례 喪禮

종교의식에 따른 상례는 불교식 상례, 천주교식 상례, 기독교식 상례 등이 있다.

불교(佛教)	천주교(天主教)	기독교(基督教)
[영결식] 개식(開式) ⇩ 삼귀의례 ⇩ 약력 보고 ⇩ 착어(着語) ⇩ 창혼(唱魂) ⇩ 헌화(獻花) ⇩ 독경 ⇩ 추도사 ⇩ 소향(燒香) ⇩ 사홍서원 ⇩ 폐식(閉式)	종부성사(終傅聖事) ⇩ 운명(殞命) ⇩ 초상(初喪) ⇩ 연(煉)미사 ⇩ 염습과 입관 장례식 1. 운구 : 본당 2. 연미사 3. 운구 : 장지 4. 묘지 축성기도 5. 하관 기도 6. 하관	임종(臨終) 예배 ⇩ 입관(入棺) 예배 ⇩ 조문 맞이 ⇩ 발인(發靷) 예배 (영결식) 1. 개식 2. 찬송 3. 기도 4. 성경 봉독 5. 시편 낭독 6. 신약 낭독 7. 기도 8. 약력보고 9. 주기도문 10. 출관 ⇩ 하관(下棺) 예배 (하관식) 1. 기도 2. 성경 봉독 3. 선고 4. 기도 5. 주기도문 6. 축도

1. 불교식 상례

불교에서는 다비(茶毘)라고 하여 화장(火葬)으로 장례를 치른다.

불규의례규범인《석문의범(釋門儀範)》에 상례에 대한 부분이 있으나 자세하지 않고 추도의식의 순서만 있어 그에 따라 의식을 거행한다. 임종(臨終)에서 입관(入 棺)에 이르는 절차는 일반 장례식과 비슷하다.

영결식의 절차는 다음과 같다.

1. 개식(開式)
호상(護喪)이 한다.

2. 삼귀의례(三歸儀禮)
주례 스님이 불(佛), 법(法), 승(僧) 삼보(三寶)에 귀의한다는 불교의식을 행한다.

3. 약력 보고
추모의 뜻으로 고인(故人)과 생존시 가까웠던 친지나 친구가 고인의 약력을 간단히 소개한다.

4. 착어(着語)
주례스님이 부처님의 가르침(敎法)을 인용해 고인의 영혼을 안정시키는 말씀이다.

5. 창혼(唱魂)

고인(故人)의 영혼이 극락세계에 가서 고이 잠들라는 뜻으로 주례스님이 요령을 흔들며 의식을 행한다.

6. 헌화(獻花)

친지들이 영전에 꽃을 바친다.

7. 독경(讀經)

고인의 영혼을 안정시키고 이승에서의 모든 인연을 끝내고 극락세계에 고이 잠들라는 뜻으로 주례스님과 참례자가 불경(佛經)을 읽거나 염불(念佛)을 한다.

8. 추도사

9. 소향(燒香)

향을 태우며 고인을 추모하고 애도한다.

10. 사홍서원(四弘誓願)

주례스님이 아래의 네 가지 큰 서원을 외운다.

중생무변서원도(衆生無邊誓願度) 모든 중생을 다 건지겠습니다.

번뇌무진서원단(煩惱無盡誓願斷) 모든 번뇌를 다 끊겠습니다.

법문무량서원학(法門無量誓願學) 모든 가르침을 다 배우겠습니다.

불도무상서원성(佛道無上誓願成) 위없는 부처됨을 길을 이루겠습니다.

11. 폐식(閉式)

영결식후 장지로 향한다. 화장이 끝날 때까지 염불(念佛)을 하며, 화장이 끝나면 주례스님이 흰 창호지에 유골을 받아 상제(喪制)에게 주면, 쇄골 후 절에 봉안하고 제사를 지낸다.

제의(祭儀)로는 49재(四十九齋), 백일제, 3년상을 지낸다. 또 고인의 생일을 맞으면 추도식을 갖기도 한다.

2. 천주교식 상례

생전에 영세를 받은 사람은 《성교예규(聖敎禮規)》에 의해 장례를 치른다. 그리고 신앙에서 벗어나지 않는 범위 내에서 전통의 관습이나 의식을 병행하기도 한다.

임종이 예견되면 탁자에 백지나 백포를 깔고 십자고상(十字苦像)과 촛대 두 개, 성수 그릇과 성수채를 준비해 두고 신부에게 연락을 취한다.

1. 종부성사(終傅聖事)
운명할 때 행하는 성사로 환자가 회생할 가능성이 없으면 신부를 청해서 종부성사를 받는다.

가족들은 미리 환자의 눈, 코, 입, 손과 발을 씻기고 신부에게 고해성사(告解聖事)를 할 수 있도록 모두 물러난다. 고해성사가 끝나면 신부는 종부성사를 행한다.

임종시 신부가 없을 경우에는 주위 가족들이 위로와 격려의 말을 들려주고 성서의 거룩한 구절을 읽어 준다.

2. 운명(殞命)
운명시에는 성초에 불을 켜고 임종경(臨終經)이나 성모덕서도문, 매괴경 등을 읽는다. 운명한 뒤에도 일정시간 경을 읽어주며, 편안한 임종을 위해 거룩한 기도문이나 성가를 들려준다.

환자가 운명하면 눈과 입을 다물게 하고 두 손을 합장시켜 십자고상을 쥐어준다. 상위에 고상을 모시고 좌우에 촛불을 켜며 성수와 성수채를 입관 때까지 놓아둔다. 가족들은 그 옆에 꿇어 앉아 연도(煉禱)한다. 염경(念經)이 끝날 때마다 성수를 뿌리며 만 하루가 지나면 정해진 경을 외고 시신을 닦고 수의(壽衣)를 입혀 입관(入棺)한다.

3. 연(煉)미사, 위령(慰靈)미사

운명하면 이를 곧 본당 신부에게 알리고 연(煉)미사를 청하여 장례일과 미사 일정 등을 의논하여 결정한다.

연미사는 고인을 위해 바치는 기도로, 세상에서 보속을 다 못하고 죽은 사람은 천국에 들어갈 때까지 연옥에서 정화되는 과정을 거쳐야 하는데, 이때 고통 중의 연옥 영혼을 위해 하는 기도를 말한다.

4. 염습(殮襲)과 입관(入棺)

교회 측에서 염습에 경험이 많은 사람이 와서 시신을 알코올로 깨끗이 닦아 수의(壽衣)를 입히고 입관(入棺)한다.

5. 장례식

영구(靈柩)를 성당으로 옮겨 연미사와 사도예절을 거행한다. 입관, 출관, 행상,

하관 등은 《성교예규》에 따라 행한다.

장지에 도착하면 묘지 축성(祝聖)기도를 하고 영구(靈柩)와 천광에 성수를 뿌리고 하관기도를 한 후 하관한다.

6. 장례 후

장례 후 3일, 7일, 30일에 연미사를 드리고 소상(小祥)과 대상(大祥) 때에 연미사, 가족의 고해, 영성체를 행한다.

3. 기독교식 상례

기독교식 상례는 운명(殞命)부터 하관(下棺)에 이르는 전 과정을 목사의 집례(執禮)하에 진행한다. 임종시에는 구원의 확신을 갖고 믿음으로 하나님의 나라에 이르도록 도우며 임종시부터 고인의 영혼을 찬송과 기도 속에 하나님께 맡기는 예배를 드리고 유가족은 빈소에서 기도회를 가지며 찬송이 그치지 않게 한다.

일반 장례식과는 달리 곡을 하지 않고 음식을 차리지 않으며 절도 하지 않는다. 또한 분향(焚香)을 하지 않고 헌화(獻花)를 한다.

기독교식 상례는 다음과 같다.

1. 임종(臨終) 예배

성도가 임종이 임박하면 가장 먼저 담임목사에게 연락하도록 하고 임종하면 임종예배를 드리고 장례일정 및 제반사항을 의논한다. 곡은 하지 않고 제사상도 차리지 않으며 경건하게 장례를 준비하고 진행한다.

2. 입관(入棺) 예배

목사의 집례하에 유족이 고인의 모습을 지켜보는 가운데 염습을 하고 입관을 마친 후 입관 예배를 드린다.

상복은 남자는 검은색 계통의 양복에 완장을 착용하고 여자는 흰색이나 검정색 치마저고리로 복장을 통일한다.

3. 조문 맞이

기독교식 장례에서는 분향(焚香)을 하지 않고 헌화(獻花)를 한다. 그러므로 일반 조문객들을 위해 헌화할 꽃을 빈소 입구에 준비해 두는 것이 좋다. 간혹 일반 조문객들을 감안하여 분향을 할 수 있도록 준비하기도 한다.

4. 발인(發靷) 예배

하나님께 영광을 돌리고 유족에게는 위로와 소망을 주며, 조객들에게 하나님의 사랑과 공의를 알게 한다.

영결식순

1) 개식사 : 주례목사
2) 신앙고백 및 찬송 : 사도신경, 찬송(534장)을 다 같이 한다.
3) 기도 : 고인의 명복과 유족에게 위로를 내리시길 기원한다.
4) 성경봉독 : 고린도후서 5장 1절, 디모데전서 6장 7절 등을 낭독.
5) 기도 및 위로의 말씀
6) 약력보고 : 유가족 대표나 교회 대표.
7) 찬송 및 주기도문
8) 출관

5. 하관(下棺) 예배

목사의 주례 하에 신앙고백과 성경낭독, 그리고 하나님으로부터 왔다가 다시 돌아감을 선언하고, 고인의 명복을 비는 기도와 찬송을 하며 축도 순으로 식을 진행한다. 찬송 속에 헌화(獻花)와 취토(聚土)를 하고 성분(成墳)을 한다.

기독교식이라 하여 꼭 매장하여야 하는 것은 아니며 화장(火葬)도 교리에 어긋나지 않는다. 실제로 교회나 기독교인들의 화장도 점차 증가하고 있는 추세이다.

상조相助 시장
현황 및 문제점

상조 시장 현황 및 문제점

1. 용어의 정의

상조(相助)란 '서로 돕는다'란 의미로 이는 '서로 도와주고 도움을 받는다'는 상부상조(相扶相助) 상호부조(相互扶助)의 의미로 사용되고 있다.

이러한 서로 도와주고 도움을 받는 상부상조 정신은 '널리 인간을 이롭게 하고자' 했던 홍익인간(弘益人間) 사상과 계(契)나 두레, 품앗이 등의 전통에서 유래한 것으로 우리 고유의 공동체 정신이며 자생적인 사회복지제도라 할 수 있다.

그런데 최근에는 장례(葬禮) 및 혼례(婚禮) 대행서비스를 제공하는 업체들이 상조(相助)서비스, 혹은 상조회사라는 용어를 사용하면서 그 뜻이 주로 장례(葬禮)산업과 관련된 용도로 사용되고 있다.

본고에서도 상조(相助)라는 의미를 지금 보편적으로 사용되고 있는 장례 산업과 관련하여 사용하였음을 밝혀둔다.

2. 상조서비스 개요

상조서비스는 혼례 장례 등 미래에 다가올 경조사 부담에 대비하기 위해 미리 일정액을 납입하면 약정된 물품이나 서비스를 제공해 주는 것으로, 소비자는 상조업체가 제공하는 패키지를 선택하여 계약을 체결하고 매월 일정금액을 납입한다.

일반적으로 소비자들은 상조회사에 매월 2만~10만원씩을 납입하고, 결혼·장례 등 경조사가 있을 때 서비스를 제공받게 되는데, 전통적인 대가족 제도가 붕괴되고 핵가족화하면서 결혼, 장례, 돌, 회갑, 칠순 등과 같은 가정의례 행사를 효율적으로 치르기 위해 상조회사 가입이 점차 증가하는 추세이다.

상조서비스를 이용할 경우 비용이 한꺼번에 지출되지 않아 경제적인 부담을 줄일 수 있어, 부모님의 장례에 대비하기 위하여 30~40대 소비자들 사이에서 상조 가입률이 높은 편이다.

상조서비스는 그 특성상 계약 체결시점과 서비스 제공시점이 수년 혹은 수십 년이 걸릴 수도 있는데, 상조회사는 계약에 정한대로 상품과 서비스를 제공해야 할 의무가 있어, 상품이나 서비스 가격이 변동하더라도 계약 내용대로 이행하여야 하며 이에 대한 위험은 상조회사가 져야 한다.

상조서비스 계약은 주로 영업사원, 방문판매원의 가입권유로 행사장 등에서 계약체결이 이루어지며, 최근에는 기업 등 단체차원의 가입이나 인터넷 등을 이용한 회원가입도 늘어나고 있다.

80년대 현대적인 상조서비스를 제공하는 상조회사의 출현으로 장례에 대한 개념을 바꿔놓게 된다.

예전에는 버스를 개조하여 버스 아래 부분의 짐을 넣은 짐칸에 관을 넣고 장지까지 이동하는 경우가 많았는데, 이는 고인을 유족들의 발밑에 두고 이동하는 것으로 고인(故人)에 대한 예의문제가 제기되었는데, 상조 회사들이 전용 리무진을 도입해서 보편적인 문화로 자리매김하였다.

그리고 상조업체들에 의해 장례 절차도 많이 개선되고 표준화 되었으며, 기존에 장례식장과 장의사들이 주도하던 시장이 상조업체로 넘어가면서 장례식장과 장의사들의 횡포도 많이 개선되었다.

3. 현대적인 상조서비스의 역사와 유래

우리나라 현대적인 의미의 상조서비스를 제공하는 상조회사의 본거지는 영남이다. 제 2차 세계대전 패전이후 40년대 후반 일본에서 태동한 상조 서비스를 본떠 80년대 초 부산에서 회사들이 생겨나기 시작했다.

2000년대 중반부터 중견 탤런트를 내세워 수도권에서 회원 모집을 하고 있는 회사들도 대개 부산·경남권에 뿌리를 두고 있다. 업계 수위(회원수 기준)를 다투는 보람상조와 현대종합상조도 각각 부산과 울산에서 출발했다.

일본의 경우 제 2차 세계대전의 패배로 인한 폐허와 빈곤의 혼란 속에서 가정의례인 장례조차 개인적으로 치르기가 어려워지자 상업적인 상조 회사들이 나타나게 시작해 1960년대 후반에는 전국적으로 많은 상조 회사들이 생겨나게 되었다.

일본 상조 회사들은 1959년 전국관혼장제상조회라는 조직을 결성하고 조직을 확대하면서 1971년 공제제도를 발족시켰으며, 1973년 할부판매법상에 '선불식특정거래업'으로 법적 근거를 마련하고 발전을 거듭하여, 현재 일본 전체 장례시장의 50%정도를 상조 회사들이 점하고 있다.

우리나라 상조시장은 80년대 초반 도입기를 지나 1차 성장기를 거쳐 2010년 「할부거래에 관한 법률」 시행으로 인해 구조조정을 겪는 등 현재 1차 전환기를 맞고 있다.

＊ 일반적으로 시장이나 상품은 '도입기→1차 성장기→1 차 전환기→2차 성장기→2차 전환기→성숙기→쇠퇴기'의 사이클을 따라 움직인다.

상조회사는 2009년까지 별도의 법적 기준이 마련돼 있지 않아 자본금 5,000만원만 있으면 관할 시·군·구와 세무서 신고를 거쳐 상조 회사를 만들어 영업을 할 수 있어, 사업자의 부도·폐업 등으로 인한 서비스 미이행 및 사업자의 부당한 계약해지 거절이나 과다한 위약금 요구 등 상조업체로 인한 피해가 급격히 증가하여 사회문제로 대두되었다.

이에 정부에서는 2010. 3 2010. 3 「할부거래에 관한 법률」을 개정하여 자본금 3억원 이상 업체만 영업이 가능하도록 하는 '상조업 등록제'를 시행하고 납입금의 50%를 따로 예치하도록 하는 '고객불입금 예치 보전제'와 상조업체의 재무상태 등을 공개하도록 하는 '정보공개제도' 등 신설하고 2010. 9부터 이를 시행하고 있다.

| 참고 | 할부거래법에 의한 상조서비스 가입 소비자 보호

개정 할부거래법은 자본금 3억 원 이상의 업체만 상조업 영업이 가능토록 규제를 강화하여 소규모업체의 난립으로 인한 피해가 줄어들 것으로 기대된다. 또한 상조회사의 파산 등에 대비해 보험을 통한 안전장치를 마련하고 있다.

다만 개정된 할부거래법은 보험가입금액 중 50%를 공제조합 등에 예치하도록 규정을 하고 있지만 이외 나머지 금액의 투자, 운용 등을 규제할 방안이 없어 상조대표의 공금횡령과 같은 위험에 여전히 노출돼 있다.

제27조(소비자피해보상 보험계약 등)

① 선불 식 할부거래업자가 제18조에 따라 등록할 경우 소비자로부터 선불식 할부계약과 관련되는 재화 등의 대금으로서 미리 수령한 금액(이하 "선수금"이라 한다)을 보전하기 위하여 다음 각 호의 어느 하나에 해당하는 계약(이하 "소비자피해보상 보험계약 등"이라 한다)을 체결하여야 한다.

1. 소비자피해보상을 위한 보험계약

2. 소비자피해보상금의 지급을 확보하기 위한 「은행법」에 따른 금융기관과의

채무지급보증계약

3. 소비자피해보상금의 지급을 확보하기 위한 대통령령으로 정하는 기관(이하 "예치기관"이라한다)과의 예치계약

4. 제28조에 따라 설립된 공제조합과의 공제계약

| 참고 | **상조서비스 상품**

상조서비스 상품의 금액별 현황을 보면 최저 60만원에서 최고 900만원대 상품까지 다양하나 상조업체 주력상품은 300만원~400만원대이며 월납금액이 5만원~10만원의 소액이 대부분이다.

상조회사에서 판매하고 있는 패키지상품의 가격과 제공하는 상품 · 서비스는 해당회사 홈페이지에서 확인할 수 있다.

4. 상조업체 현황

장례비용에 부담을 느끼는 소비자들의 호응으로 상조시장이 커지자 영남권의 상조업체들이 2004년부터 서울과 수도권에 진출한 이후 업체수와 회원 수가 급증하여 한때 전국적으로 약 400여개의 회사가 영업을 하기도 했다.

✳ 공정거래위 자료에 의하면 2003년까지 73개에 불과하던 상조업체가 2007년에는 167개로 늘었으며, 가입회원 수가 230만 명에 육박하고

고객불입금 잔고는 6,300억원(2007년 기준)이었음.

그러나 2010. 9 「할부거래에 관한 법률」 개정안 시행으로 상조회사는 반드시 '소비자피해보상보험계약'을 체결하고 자본금 3억원 이상 등 일정조건을 갖춰 시·도에 등록하도록 의무화함에 따라 2011. 5 기준 300여개 업체가 등록 영업하고 있으며, 상조업계 종사자는 약 20여만 명으로 추정되고 있다.

공정거래위가 2011. 7. 11 발표한 상조업체 현황은 다음과 같다.

| 참고 | 상조업체 현황

공정거래위(2011-07-11)

300개 상조회사 주요 재무정보 등 최초 공개

2010년도 총자산 1조 2,882억원, 총 납입자본금 규모 1,902억

지급여력비율 8.3%p 개선, 상위 10개사 기준 당기순손실 320억원

공정거래위원회는 할부거래법에 따라 300개 선불식 할부거래업자의 등록사항, 자산·부채 등 재무현황, 선수금 내역 등 주요 정보를 처음으로 공개했다. 소비자의 상조서비스 이용시 소비자피해보상계약 체결 여부, 등록 여부, 재무상태 등을 사전 확인토록 하여 안전한 소비활동 지원이 목적이다.

2011년 5월말 기준으로, 법정자본금(3억원) 이상을 갖추고 소비자피해보상보험계약을 체결하여 시·도에 등록한 상조업체 300개가 대상이다. 이번년도 3월 18일 등록유예기간 종료 시까지 277개 업체 등록, 그 이후 지연등록·법인설립 등 신규 등록한 업체 23개가 포함됐다. 2010년도 영업 중인 업체(337개) 대비 37개(11.0%)가 감소했다.

이번에 공개된 300개 상조업체 자산규모는 총 1조 2,882억원이다. 자산규모별 분포를 보면, 자산총액 100억원 이상은 27개(9.0%) 업체이며 이 업체들의 자산합계는 9,718억원으로 전체의 75.4%이다. 10억원 미만인 업체수가 194개(64.7%)로 대부분이며, 이들 업체의 자산합계는 619억원으로 전체의 4.8%에 불과하다.

전체 상조업체 부채규모는 총 1조 7,396억원이다. 부채규모별 분포를 보면, 100억원 이상인 업체는 42개(14.0%)로 이들 업체의 총 부채는 1조 4,217억원(81.7%)이다. 또한, 10억원 미만인 업체는 172개(57.3%)로 부채규모는 495억원(2.9%)이다.

<표-1>　　　　　자산규모별 업체현황

(단위 : 개, 백만원, 2010년말 기준)

구 분	1억원 미만	1억원이상 10억원미만	10억원이상 50억원미만	50억원이상 100억원미만	100억원 이상	계
업체수 (%)	53 (17.7)	141 (47.0)	60 (20.0)	19 (6.3)	27 (9.0)	300 (100.0)
총자산 (%)	1,705 (0.1)	60,234 (4.7)	126,260 (9.8)	128,288 (10.0)	971,791 (75.4)	1,288,277 (100.0)

부채규모별 업체현황

(단위 : 개, 백만원, 2010년말 기준)

구 분	1억원 미만	1억원이상 10억원미만	10억원이상 50억원미만	50억원이상 100억원미만	100억원 이상	계
업체수 (%)	73 (24.3)	99 (33.0)	72 (24.0)	14 (4.7)	42 (14.0)	300 (100.0)
총부채 (%)	1,534 (0.1)	48,015 (2.8)	167,531 (9.6)	100,792 (5.8)	1,421,739 (81.7)	1,739,611 (100.0)

　　2010년 말 기준 300개 상조업체의 자산 대비 부채비율은 135%이다. 300개 상조업체 중 167개 업체가 자산보다 부채가 많은 상황이다. 부채 초과 현상은 상조업 특징 및 고객불입금의 회계처리 방식에 기인한 측면이다. 선불식으로 받은 고객납입금에는 모집수당 등 비용을 뺀 금액을 우선 부채로 처리하고, 당기 상조상품 매출은 미래 상조회원의 장례 발생시점에 수익으로 인식했다.

　　따라서 상조업체의 재무안정성은 외관상 부채비율 외에 기존계약의 지속적 유지, 신규고객 유치를 통한 안정적 현금흐름 확보, 당기 장례행사 실적의 증가, 사업비 절감 등에 의해 영향을 받는 점을 종합적으로 고려할 필요가 있다.

　　공개되는 상조회사의 총 납입자본금은 1,902억원이다. 대부분(237개, 79%)은 법정자본금 3억원을 보유, 나머지 63개 업체는 법정자본금 수준 이상이며 평균 자본금 규모는 19억원 수준이다.

<표-3>　　　　　　　　　　　자본금규모별 업체현황

(단위 : 개, 백만원)

자본금 규모	업체수	업체명
100억원 초과	2	더케이라이프㈜, ㈜에이플러스라이프
20억원~100억원	2	부모사랑㈜ 엘비라이프㈜
3억원~20억원	59	케이엔엔라이프㈜, ㈜상조마스터, ㈜대명라이프웨이 등
3억원	237	보람상조개발㈜, 디에이치상조㈜, 보람상조라이프㈜, 삼성복지상조㈜, ㈜이지스상조, 한라상조㈜ 등

　　자산총액 상위 10개 상조업체의 경영성과를 보면, 2010년 말 기준, 매출액 2,242억원, 당기순손실은 103억원이다. 또한, 2009년 대비 매출액 92억원(4.3%) 증가, 당기순손실 320억원으로(75.6%) 감소했다.

<표-4>　　　　　자산총액 상위 10개 사업자 경영성과

(단위 : 백만원)

순위	사업자명	자산총액	부채총액	매출액		당기 순이익(손실)	
				2009년	2010년	2009년	2010년
1	현대종합상조㈜	132,936	176,428	26,405	33,792	△9,730	△4,830
2	부산상조㈜	104,175	100,474	4,184	4,439	2,280	36
3	보람상조라이프㈜	74,545	93,505	4,087	3,853	△4,098	1,572
4	보람상조개발㈜	74,378	110,998	5,792	5,419	△5,854	11,517
5	대구상조㈜	59,137	50,330	3,895	5,059	2,281	1,159
6	더케이라이프㈜*	52,120	14,420	-*	4,800	△1,506	△10,794
7	㈜평화드림	51,221	41,461	150,690	136,162	1,681	4,321
8	㈜한국노회상조회	37,399	78,601	6,046	10,569	△14,980	△13,720
9	한라상조㈜	35,395	48,194	9,494	15,231	△10,828	3,736
10	좋은상조㈜	31,780	40,501	4,375	4,896	△1,629	△3,314
합　계		653,086	754,913	214,968	224,220	△42,383	△10,317

* 한국교직원공제회가 100%출자하여 2009.9월 설립한 사업자로 당해년도 매출실적(장례행사) 없음('예다함'이라는 브랜드로 상조상품 판매중)

자산 총액 상위 10개 업체의 경우는 장례 혹은 혼례 서비스를 최저 120만원(2만원×60회)에서 최고 780만원(6만5천원×120회)의 가격으로 판매하고 있으며 주로 300만원대의 상품을 취급했다. 납입회수의 경우, 120회 상품이 대다수로 가입자들은 장기간(120개월)에 걸친 소액지출을 통해 장례식에 대비하는 경향이 있다.

2011년 5월말 기준을 보면, 전국 300개 상조회사의 총 가입자 수는 약 355만명으로, 2010년(275만 명) 대비 80만 명(29.1%) 증가했다. 가입자의 지역별 분포를 살펴보면, 상조회사 및 가입자는 주로 수도권과 영남권에 80% 이상이 편중됐다.

서울·경기 등 수도권에 136개(45.3%), 부산·울산·대구·경북 등 영남권에 102개(34.0%) 업체가 소재이고, 수도권이 210만 명(59.2%), 영남권은 99만 명(28.0%)이다.

<표-5>　　　　　　지역별 상조업체 및 가입자 현황

(단위 : 개, 천명)

지역별	서울·인천·경기	부산·울산·영남	대구·경북	대전·충청	광주·전라	강원·제주	계
업체수 (%)	136 (45.3)	65 (21.7)	37 (12.3)	31 (10.3)	21 (7.0)	10 (3.3)	300 (100.0)
가입자수 (%)	2,103 (59.2)	838 (23.6)	156 (4.4)	352 (9.9)	79 (2.2)	24 (0.7)	3,552 (100.0)

2011년 5월말 기준을 보면, 300개 상조업체의 선수금 총액은 2조 1,819억원이다. 2010년 대비 선수금 총액이 3,264억원(17.6%) 증가했다. 선수금이 100억원 이상인 업체수는 46개(15.3%)이며, 이들의 선수금 총액은 1조 8,918억원(86.7%), 10억원 미만인 업체는 177개(59.0%), 이들 의 선수금총액은 445억원(2.0%)이다.

<표-6>　　　　　　　　　　선수금 규모별 현황

(단위 : 개, 백만원)

구 분	1억원 미만	1~10억원미만	10~50억원미만	50~100억원미만	100억원 이상	계
업체수 (%)	75 (25.0)	102 (34.0)	65 (21.7)	12 (4.0)	46 (15.3)	300 (100.0)
선수금 (%)	1,971 (0.1)	42,536 (1.9)	167,618 (7.7)	77,731 (3.6)	1,891,817 (86.7)	2,181,673 (100.0)

<표-7>　　　　선수금 규모 상위 10개 사업자 현황

(단위 : 백만원)

순위	사업자명	선수금	자산	부채
1	현대종합상조㈜	253,331	132,936	176,428
2	보람상조라이프㈜*	168,547	74,545	93,505
3	보람상조개발㈜*	133,018	74,378	110,998
4	부산상조㈜	98,874	104,175	100,474
5	㈜재향군인상조회	89,044	37,399	78,601
6	한라상조㈜	79,452	35,395	48,194
7	㈜국민상조	70,918	23,103	51,570
8	대한민국고엽제전우회상조㈜	53,845	24,728	23,798
9	우리상조개발㈜	51,289	22,262	23,471
10	㈜효원상조	50,691	18,318	31,165
합 계		1,049,009	547,239	738,204

* 보람상조 그룹(보람상조개발, 보람상조리더스, 보람상조프라임, 보람상조피플, 보람상조유니온, 보람상조임팩트, 보람상조플러스, 보람상조라이프, 보람상조나이스 등 9개 회사) 전체의 선수금은 379,630백만원, 자산 179,398백만원 부채 246,387백만원

　　선수금 보전현황은 소비자피해 보상을 위해 총선수금의 20.6%인 4,363억원을 은행 예치, 지급보증, 공제조합 가입 등을 통해 받았다. 선수금 20%이상을 은행에 예치한 업체는 197개(64.6%), 공제조합에 가입한 업체는 106개(34.8%), 은행이 지급 보증하는 업체는 2개사이다.

<表-8> 선수금보전 현황

(단위 : 개, 백만원)

구 분	은행 예치	은행 지급보증	공제조합 가입	계
업체수 (%)	197 (64.6)	2 (0.6)	106 (34.8)	305* (100.0)
선수금(A) (%)	360,781 (16.5)	18,335 (0.8)	1,802,557 (82.6)	2,181,673 (100.0)
보전 금액(B)	81,758	7,155	360,511	449,424
보전 비율(B/A)	22.7%	39.0%	20.0%	20.6%

* 현대종합상조㈜, 금강종합상조㈜, 아산상조㈜, ㈜대명라이프웨이 등 4개사는 복수의 보전 계약을 체결함

지난해 선불식 할부거래제도 도입 이후에는 상조업 등록, 자본금 확충, 선수금 예치 등으로 상조시장이 안정되고 소비자의 불신도 점차 해소되고 있는 것으로 보인다.

대체로 부채초과 상태이긴 하나 매출수익을 미래시점에 인식시키는 상조업 회계처리 특성, 지급여력비율 개선 상황 등 고려 시에는 시장에 대한 과도한 불안감을 가질 필요는 없다고 본다. 고객불입금에 대해 대비 총자산비율(지급여력비율)은 (09)67.1%에서 (10)75.4% 로 8.3%p 증가, 상위 10개 업체 기준 손실규모도 지난해에 비해 320억원(75.6%)감소했다. 연차적으로 선수금 예치율이 증가하여 2014년에는 50%에 이르는 만큼 상조업체의 재무 리스크는 더욱 감소할 것으로 기대된다.

한편 제도준수 등에 따라 중소 상조업체들의 자금 부담이 증가하는 측면도 있어 상조 상품 마케팅 지원방안 등도 검토할 예정이다. 업계 스스로도 과도한 모집수당 지출 등 마케팅 비용의 절감, 사업구조의 개선 등 경영 선진화 노력을

기울일 필요가 있다.

<표-9>　　　　　　　　　　　　지급여력비율* 현황

회계연도	2009년	2010년	증감
자산총액	9,902억원	1조 2,882억원	2,980억원
부채** (고객불입금)	1조 4,077억원	1조 8,357억원	4,280억원
자본총액	△4,636억원	△4,513억원	123억원
지급여력비율	67.1%	75.4%	8.3%p

* 지급여력비율 : (고객불입금 + 자본총액) ÷ 고객불입금. 이 비율이 높을수록
　미래에 발생 가능한 부도·폐업 등 상조 관련 위험에 대응할 능력이 높음
** 부채는 부채총액에서 제3자 부채를 제외한 금액으로 고객불입금만 해당

우리나라 장례비용의 적정수준을 나타내는 표준장례비용이 1,071만원인 것
으로 조사됐다.

한국보건사회연구원이 펴내는 〈보건사회연구 제 29권 2호, 2009.12〉에 실린
'표준장례비용 산정에 관한 연구' 보고서에서, 2009년의 장례비용 실태조사를
바탕으로 표준장례비용을 산출해보니 1,071만원으로 나타났다고 밝혔다.

그림 1. 장례비용의 구성

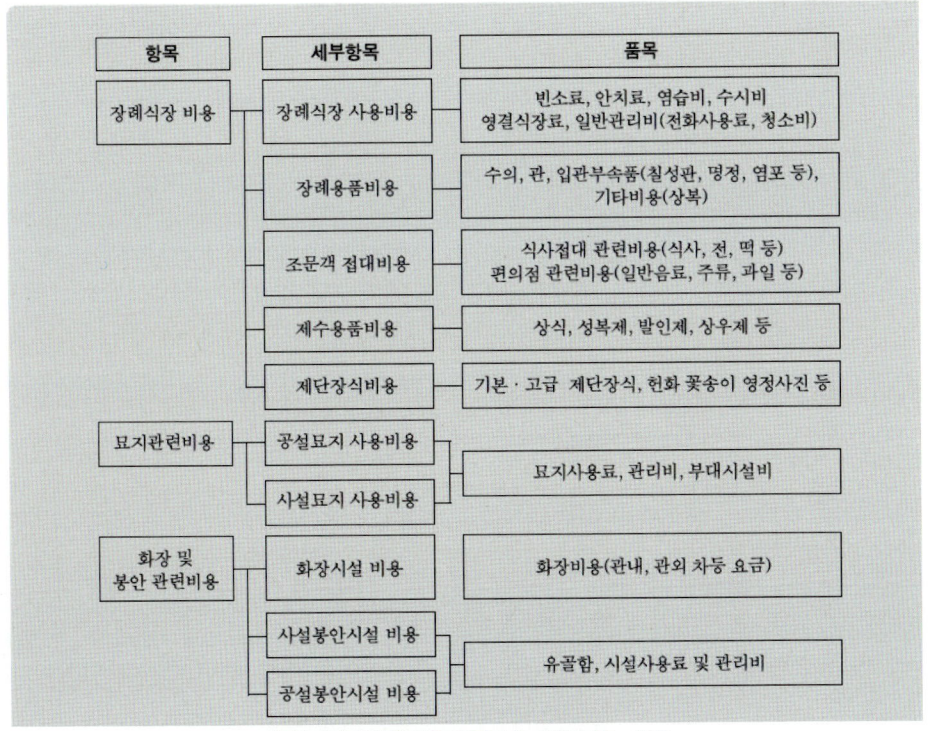

출처 : 보건사회연구 29권 2호, 2009.12 p.102

표 20. 표준장례비용 산정 결과

(단위: 원)

항목	세부항목	품목	표준비용
장례식장 관련비용	장례식장 사용비	안치비용	141,000
		빈소사용비용	854,000
		염습비용	296,000
		수시비용	113,000
	소계		1,404,000
	장례용품비	수의	494,000
		관	264,000
		수시포	19,000
		명정	31,000
		염포	63,000
		영정사진	53,000
		상복(남,여)	121000
		입관부속 및 기타비용	199,000
	소계		1,244,000
	조문객 접대비	식당	1,721,000
		편의점	820,000
	소계		2,541,000
	제수용품비		262,000
	제단장식비용		369,000
	운구비용		430,000
	소계		996,000
	표준 장례식장 관련비용 (A)		6,250,000
묘지, 화장 및 봉안 관련비용	묘지관련비용	묘지사용료, 관리비 등	4,880,000
	화장 및 봉안관련 비용	화장비용, 사용 및 관리비 등	3,460,000
	표준 묘지, 화장 및 봉안 관련비용 (B)		4,133,000
	매, 화장지 추가 음식비용 (C)		330,000
	표준장례비용 총계 (A+B+C)		10,713,000

출처 : 보건사회연구 29권 2호, 2009.12 p.121

화장이나 묘지 매장, 납골당 봉안 등 장묘처리에 드는 표준비용은 평균 413 만원으로 장례비용 가운데 가장 높은 비중을 차지했다.

화장을 하게 될 경우 공설 화장시설을 이용하면 화장비용은 10만~100만원 대였는데 평균금액은 30만원 정도로 가장 저렴한 것으로 나타났다.

반면 사설 공원묘지의 초기 구입비용은 390만~1,300만원(평균 580만원)으로 훨씬 비쌌다.

또 29.7㎡규모의 개인묘지를 조성할 경우 비석 등 부대시설물 설치비 150만원, 평당 인건비 180만원, 기타비용 20만원 등 조성비 350만원에 토지구입비 138만원을 더해 총 488만원으로 집계됐다.

조문객 접대비용은 식당비 172만원을 포함해 254만원, 장례식장 사용비는 빈소 사용비 85만원을 포함해 140만원으로 각각 집계됐다.

장례용품비는 총 124만원으로, 용품별로는 수의 49만원, 관 26만원 등으로 나타났다.

이번 실태조사는 수도권의 장례식장 50곳과 전국 묘지·화장시설을 대상으로 이뤄졌다.

5. 상조서비스 산업 문제점

상조업체가 급증하면서 피해사례도 크게 늘고 있다. 한국소비자원에 따르면 상조업 관련 소비자 피해구제상담 신청 건수는 2004년 91건, 2006년 509건, 2008년 1,374건, 2009년 2,446건 등으로 급증하고 있다.

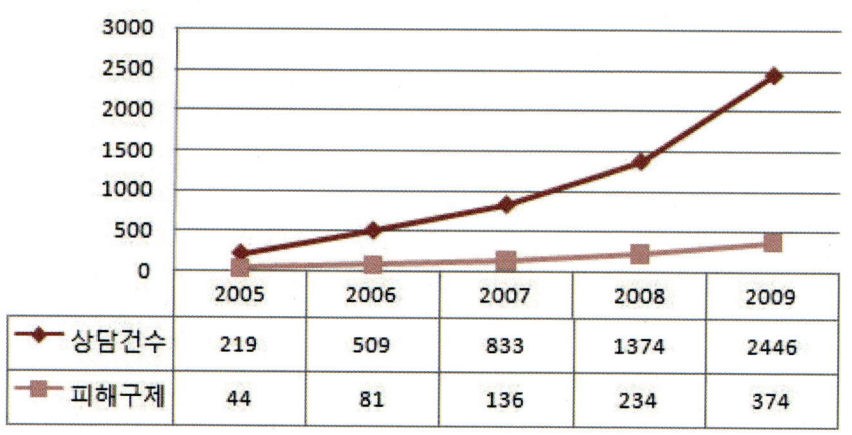

상조서비스관련 소비자 불만

	2005	2006	2007	2008	2009
상담건수	219	509	833	1374	2446
피해구제	44	81	136	234	374

피해 유형도 '별도요금 지급 요구' 등 단순 사안에서 '계약해지 거절' '과다 위약금 요구' '이행된 장례 서비스 불만' '부도·폐업 등으로 인한 서비스 미이행' 등 다양화되고 있다.

일부에서는 고령노인들을 대상으로 상조상품을 은행 적금보다 높은 이자를 지급하는 저축성 상품인 것처럼 속이고 회원을 모집한 뒤 만기가 되면 전체 납입금의 80% 정도만 지급하는 사례도 있었다.

상조서비스산업의 문제점을 구체적으로 살펴보면 다음과 같다.

1) 상조업체 규모 영세, 재무 부실

상조업체 대부분이 규모가 영세한데다 재무구조가 부실하여 부도가 날 경우 고객이 상조업체에 불입한 금액을 돌려받지 못하는 경우가 발생하고 있다.

고객 유치 경쟁 과열로 모집인에게 주는 수당이 최고 40~50%로 높아진 것도 상조업체 부실을 키운 요인으로 지적됐다.

2008년의 경우, 전체 2,800억 가량의 고객불입금 중에서 75%인 약 1,700억원 가량이 모집수당으로 지급되어 고객불입금 지급여력이 낮다.

2) 해약 환급금 미지급

2011. 8월 공정거래위원회는 상조 해약 최종 환급금을 기존 81%에서 85%로 인상해 소비자를 위한 안전장치를 마련했다.

하지만 2012. 3. 18일 선수금 보전이 30%로 인상되면서 중소업체들이 어려움에 처해 M&A를 추진하는 경우도 많아지고 있는데 이 과정에서 소비자들이 환급금을 돌려받지 못하는 피해가 발생하고 있다.

일례로 A 상조회사에 가입을 한 경우, B사가 A사를 인수하게 되면 B사가 해약환급금을 지불해야 하지만 이를 거부하는 경우가 많다.

공정위가 정한 M&A지침에 의하면 '사업의 전부 양도시 양수회사가 지위 계승하며 선불식 할부거래업자로서 모든 법상 의무를 이행' 하도록 되어 있다. 다시 말하면 B사는 A사에 가입된 회원에 대한 모든 선수금 보전 및 해약환급금 지급 등 할부거래법상 책임을 질 의무가 있지만 B사는 책임이 없다며 거부하는 것이다.

3) 상조회사 직원, 열악한 악조건에서 근무

상조회사에서 근무한 직원들은 365일 대기 상태로 집 한번 편히 못 가는데도 시간외 수당도 받지 못하고 경우가 많은 것이 현실이다.

상조회사에서는 상을 당하면 입관을 하고 출상을 할 때까지 2박 3일 일정을 1건으로 잡고 근무를 하므로 한 달에 10건 정도를 처리하는 것이 정상인데 일부 상조회사의 경우 직원(장례지도사) 한 명당 한 달 평균 35건을 처리하는 등 혹사를 당하고 있는 것으로 보도된바 있다.

4) 상조회사 및 영업사업들의 과장 광고

상조업체들은 보증보험, 상조이행보증에 가입돼 부도·폐업에도 안전하다고 광고한다. 그러나 실제로는 상조 보증회사들이 재산적 권리까지 보증하지는 않고, 주로 단기 계약을 체결하고 있어 상조 보증회사 자체가 사라질 경우 안전하지 못하다.

또한 상조서비스와 관련이 없는 보험회사와의 금융협약이나 자동출금(CMS) 보험 가입 등을 내세워 마치 회원들의 납입금을 보장하는 것처럼 과장광고를 해왔다. 그러나 실제로는 보험회사와 업무 제휴를 하거나 CMS 관련 보험에 가입한 사실이 안전성을 완전히 보장하지 못하는 경우가 많다.

그리고 회원들에게 불리한 약관을 사용하면서도 공정위의 표준약관을 준수

하는 것처럼 광고하거나 1급 장례지도사 수를 부풀려 광고하는 경우도 있다.

5) 장례식장 횡포

경영난에 시달리는 병원들이 장례식장을 수익사업으로 여기면서 여러 가지 부작용이 나타나고 있다. 대부분의 장례식장에서 차량과 꽃, 그리고 관과 장례 용품 등을 강매하고 있는데 이는 30~40%의 리베이트를 챙길 수 있기 때문이다.

* 현재 장례식장의 차량 대여비는 40만원 수준으로 버스업체에 25만원을 주면 15만원은 장례식장 몫이며, 꽃값은 최소 50만~60만원으로 이중 20만원 정도가 장례식장 몫이 된다.

일부 대형병원 장례식장에서는 차량, 생화제단, 관, 용품 등을 모두 장례식장 에서 제공하는 걸 이용하도록 강제하고 있는데, 이는 입찰제로 들어온 외주업 체들의 수익을 보장해줘야 하기 때문에 상주를 상대로 강매를 하고 있다.

빈소 사용료와 음식 값이 비싼 것도 문제다. 대부분의 장례식장에서 외부 음 식반입을 금하고 있는데 조문객 1인당 평균 음식 값이 2만원 수준으로 조문객 300명을 접대할 경우 600만원 정도가 식대로 청구된다. 음식의 경우 매출의 50% 이상이 순수익으로 알려지고 있다.

* 대형병원 장례식장 특1호실(200평)의 경우 1일 대여료가 400만원에

달하며 일반실(50평)도 하루에 100만원 정도가 든다.

6) 장례지도사 추가요금 요구

일부 장례지도사의 경우 추가요금을 요구해 상주들에게 부담을 지우고 있다. 보통 장례지도사 월급은 150만원 수준으로 나머지는 수당으로 충당해야 하기 때문에 상주에게 추가 부담금 지출토록 유도하고 있다.

통상적으로 추가 부담금 중 절반은 장례지도사에게 성과급으로 지급되고 나머지는 상조회사의 수입이 된다.

7) 납골당 분양가 거품

화장 이후 납골당 안치가 늘어나면서 납골당 비용에도 거품이 많다. 납골당은 공설인지, 사설인지에 따라 가격 차이가 10배 가까이 벌어진다.

성남시 영생관리사업소의 경우 유골함을 15년 봉안하는 비용은 30만원이고, 15년 단위로 1회 연장할 수 있다.

사설 납골당 분양가는 200만원~4,000만원이며 성인 허리에서 눈높이 사이에 위치한 '로열층'은 100만~200만원가량 더 비싸게 받고 있다. 납골당 관리비는 연간 5만~15만원이며 5~10년 단위 선납이 일반적인 관행이다.

게다가 영업사원에게 주는 수수료(30~50%)가 분양가에 포함되면서 납골당 가격은 더욱 높아지고 있다. 그리고 장례식장이나 상조회사가 납골당을 소개해 주면 이들에게도 높은 수수료를 지급하고 있다.

|참고| 상조서비스와 상조보험의 차이

한편 일부보험사에서 판매하는 상조보험을 상조서비스와 혼동하는 경우가 늘어나고 있다. 상조서비스와 상조보험은 엄연히 다른 서비스인데도 불구하고 이 두 가지를 혼동하여 소비자들이 피해를 보는 경우가 있어 차이점을 잘 살펴보고 자신에게 맞는 서비스를 선택해야 한다.

□ 상조서비스와 상조보험의 차이

상조서비스란 매달 보험처럼 일정금액을 내고 나중에 상례를 치르게 되면 계약된 장례서비스를 제공받는 것으로 이는 법률상 소비자가 미리 대금을 지불하는 할부거래에 해당한다.

이 때문에 상조서비스를 보험과 동일시하는 경우가 발생하고 있다. 하지만 상조보험은 피보험자 사망시 사망보험금을 지급하고 이 보험금으로 제휴 상조회사를 통해 장례서비스를 제공하는 점에서 근본적으로 다르다.

보험사가 판매하는 상조보험은 상조회사가 직접 판매하는 상조서비스계약과 보장범위, 절차 등이 다르므로 주의가 필요하다.

보험사의 상조보험은 보험금 대신 장례용품을 비롯한 장례지도사, 행사도우미 등 인력서비스, 차량서비스 등 상조서비스를 제공하는 보험 상품으로 상조서비스는 보험사와 제휴한 상조회사가 제공한다.

피보험자가 사망하면 상조서비스를 제공한다는 측면에서 두 계약은 공통점을 갖고 있으나 보험사의 상조보험은 사망 이후 보험료를 납입할 의무가 없는 반면 상조회사의 상조서비스계약은 사망시 미납입한 약정금액을 모두 납입해야 한다.

또한 상조보험은 피보험자의 자살, 계약자 및 수익자가 고의로 피보험자를 사망한 경우 등 보상하지 않는 손해를 정하고 있으나 상조서비스계약은 사망원인에 관계없이 서비스를 제공한다는 차이점이 있다.

즉 상조보험의 경우 피보험자 사망시 사망보험금 대신 상조서비스를 제공하기로 약정하는 특별약관을 부가한 보험계약이기에 다른 보험 상품과 마찬가지로 보상하지 않는 손해를 정하고 있어 사망원인에 따라 상조서비스의 제공이 제한된다. 따라서 보험약관을 꼼꼼히 살펴보고 내용을 충분히 이해한 후 가입할 필요가 있다.

아울러 상조보험은 상조회사의 상조서비스계약과 달리 보험만기가 설정돼 있어 만기도래시 환급형에 한해 만기환급금이 지급되고 보험계약이 종료되므로 그 이후에 발생한 사망에 대해서는 상조서비스 제공이 제한된다.

일부 상조보험은 보험가입자의 역선택을 방지하기 위해 상조서비스 제공기간 및 금액을 제한하고 있는 것으로 나타났다. 이에 보험가입 후 1~2년 이내에 질병을 이유로 사망하는 경우 상조서비스를 제공하지 않고 보험가입금액의 50%인 현금을 지급하게 된다.

이밖에 보험사가 상조서비스를 수익자에게 제공한다고 약관에 정하고 있어 상조서비스의 제공에 대한 책임은 보험사가 부담하지만 보험사는 제휴를 통해 전문상조회사가 상조서비스를 제공토록 하고 있으므로 최초 약정한 서비스와 동일한지 확인할 필요가 있다.

상조보험은 보험 상품이므로 금융감독원의 감독대상이며 예금자 보호법상 5,000만원까지 보호가 된다. 또한 상조보험은 사망보험금이 지급되는 보험 상품이므로 가입시 연령이나 병력에 따라 가입제한이 있을 수 있다. 이에 비해 상조서비스는 가입당시 서비스 대상자를 지정하지 않아 양도가 가능하며 가입제한도 없다.

[도표] 상조서비스와 상조보험의 차이점

구 분	상 조 서 비 스	상 조 보 험
회사	상조회사	보험회사
보장 내용	장례 물품 및 서비스 제공	보험금으로 제휴한 업체의 장례 서비스 이용
비 용	사망시점 관계없이 납입액 동일	사망시점에 따라 납입액 변동
예금자 보호	예금자 보호 대상 아님	5,000만원까지 보호(예금자보호법)
감독기관	공정거래위	금융감독원
피보험자	미지정(임의 선택 가능)	지정(대상자만 가능)
양도 여부	양도 가능	양도 불가능
가입 제한	제한 없음	연령 질병 등에 따라 제한

□ 상조서비스 및 상조보험 가입시 유의 사항

상조 시장에 대한 규제의 강화로 상조업체의 건전성이 제고되고 있지만 상조회사의 재무건전성을 검토해 고객 불입금 지급여력이 어느 정도인지 살펴보는 것이 가장 중요하다.

또한 공정거래위원회 홈페이지를 통해 가입하고자 하는 상조업체가 소비자

피해보상보험에 가입돼 있는지를 반드시 확인하는 것이 좋다. 보상보험에 가입한 경우 상조업체의 파산 시에도 불입금액의 최대 50%를 환급받을 수 있기 때문이다.

이에 반해 보험사에서 운영하는 상조보험의 경우에는 보험업법에 따른 지급여력이 상시체크 되므로 파산가능성이 거의 없다는 장점이 있다.

상조서비스에 소비자 민원이 많은 부분은 중도해약 환급금인데 일부 업체의 경우 중도해약 시 환급금을 지나치게 낮추거나 해약을 미루는 현상까지 나타나고 있기 때문이다.

＊2011년 5월 금융감독원 전자공시 따르면 12월 결산법인인 23개 상조회사가 가입자 해약으로 얻은 수익금은 2010년 한 해에만 총 396억원에 이르고 있다.

이를 대비해서 계약서와 회원증서를 통해 계약해지시 환급금액을 정확히 파악하고 상조서비스 표준약관에 비해 낮은 해약환급금을 제시한 업체를 피해야 한다. 통상 중도 해지할 경우 가입한지 5년이 지나면 상조서비스에 비해 상조보험의 환급율이 유리하다.

또한 수의, 관 등 장례용품과 장례서비스 절차에 대한 우려를 막기 위해서는 서비스 대상 지역과 서비스 내용 등의 사항들을 꼼꼼히 확인해야 한다.

이와 더불어 광고나 판매사원들의 마케팅에 현혹되지 말고 소비자의 재무 상태와 상조시 필요한 서비스형태, 예상금액 등을 고려한 상품을 선택해야 하며 충동구매 시 14일 이내에는 청약철회가 가능하다.

엄숙하고 간소한
장례 葬禮

엄숙하고 간소한 장례 葬禮

1. 개 요

핵가족화와 아파트문화 등으로 인해 요즘은 집에서 장례를 치르기보다는 장례식장을 이용하거나, 상조서비스를 활용하는 경우가 많다.

그러나 장례식장 및 상조서비스 이용 등을 둘러싼 각종 피해와 분쟁이 급증하고 있어 장사(葬事)시 다음사항을 유의해야 피해를 줄일 수 있다.

2. 장례식장 이용시 유의사항

상을 당하기 전에 미리 수의(壽衣)나 관(棺), 조화 등 장례용품과 차량 등에 대해 알아보고, 장례식장을 선택한 후 비용 및 사용에 관한 사전상담을 하는 것이 필요하다.

장례식장을 이용할 경우 수의, 관, 장의차, 음식물접대 등 끼워 팔기를 강요하는 경우가 있는데, 공정거래위원회에 신고하면 조사 후 공정거래법 위반시 시정 요청할 수 있다.

또한 가정의례에 관한 법령에 의해 병원영안실 이용과 관련한 가격을 병원영

안실내 안치실, 빈소 등에 요금게시 의무가 있다. 이를 게시하지 않거나 표시된 가격보다 많이 받을 경우 영업정지나 벌과금을 부과할 수 있다.

3. 상조서비스 선택시 유의사항

1) 선불식 할부거래업 등록업체 여부 확인

소비자는 가입하려고 하는 상조회사가 선불식 할부거래업으로 등록된 업체인지 반드시 확인해야 한다. 개별 상조회사의 등록 여부는 공정위 홈페이지에서 확인이 가능하다.

＊http://WWW.FTC.GO.KR→정보마당→사업자정보→선불식 할부거래업자

2) 신뢰도가 높고 재무 건정성이 좋은 상조회사 선택

상조회사의 설립 연도, 자산, 고객 불입금, 자본 등에 관한 정보를 꼼꼼히 확인해야 한다. 다른 상조회사와 재무제표를 비교했을 때 자산 대비 고객 불입금 비율이나 고객 불입금 지급여력비율이 높을수록 안정적인 회사라 할 수 있다.

＊ 상조회사의 경우, 운영비용은 초기에 지출되는 반면에 고객 납입금에 대한 수익은 상(喪)이 발생하는 미래에 인식되므로 부채초과 발생 가능성 높아, 부채초과가 발생했다고 해서 반드시 부도 · 폐업으로 서비스

를 이행 못하는 것은 아니므로 주의 요망.

3) 계약서 확인

계약시 세부내용을 반드시 확인해야 한다. 해지시 환급 금액, 서비스 제공 대상 지역, 옵션(추가 요금 지불) 유무 등을 꼼꼼하게 확인해야 한다. 그리고 영업사원의 구두 약속은 계약서에 명기되지 않으면 구속력이 없음을 알고 이를 반드시 확인해야 한다.

상조 제품 및 서비스 내용과 관련 관(棺) · 수의(壽衣) 등은 재질에 따라 비용차이가 많이 나므로 장례용품의 품질을 확인해야 한다. 그리고 제공되는 상복의 수량, 장의 버스의 거리 제한이나 추가 요금, 장례지도사의 자격증 소지 여부 등도 계약시 꼼꼼하게 확인해야 부실 서비스로 인한 피해와 분쟁을 방지할 수 있다.

4) 표준약관 준수여부 확인

일부 상조업체들의 경우 '표준약관을 준수한다'는 광고만 할 뿐 해약 해지시에는 자체 약관에 의해 처리를 하는 경우가 많기 때문에 정부 공정위의 표준약관 준수여부를 반드시 확인해야 한다.

5) 상조업체 및 판매사원의 허위 · 과장 광고 주의

상조업체들은 보증보험, 상조이행보증에 가입돼 부도 · 폐업에도 안전하다고 광고하나, 상조 보증회사들이 재산적 권리까지 보증하지는 않고, 주로 단기 계약을 체결하고 있어 상조 보증회사 자체가 사라질 경우 안전하지 못하다.

또한 보험회사와 업무 제휴, 자동출금(CMS) 보험 가입 등을 광고하고 있으나 보험회사와 업무 제휴를 하거나 CMS 관련 보험에 가입한 사실이 안전성을 완전히 보장하지 못하는 경우가 많으므로 유의해야 한다.

6) 피해발생시 소비자상담센터에 피해구제 신청

대금환급, 위약금, 서비스 이행과 관련된 불만사항 발생시 소비자상담센터의 상담을 받고 피해구제를 신청하면 도움을 받을수 있다.

＊ 소비자상담센터 : 국번없이 1372, 홈페이지: www.ccn.go.kr

4. 납골당 선택시 유의사항

장례문화 변화로 이제는 묘지 매장보다는 화장 후 납골당을 이용하는 경우가 많다. 특히 서울 같은 대도시 지역은 10명 중 7명이 화장을 선호하고 있다.

그런데 값이 싼 공영 납골당은 자리가 부족해서 사설 납골당을 이용할 경우 가격 부담이 많다. 사설 납골당은 시설 및 단의 위치 등에 따라 가격차이가 심하고 분양가가 비싸게는 1기당 수천만 원에 관리비도 1년에 수십만 원이 든다.

지자체가 운영하는 공영 납골당은 사설 납골당에 비해 이용 가격이 1/10 수준으로 저렴하지만 시설이 많이 부족하며 이용에 제한이 있다. 서울의 경우 시립 납골당은 기초생활수급자나 국가 유공자만 들어갈 수 있고 수도권 지역도 고인이나 고인의 가족이 해당지역에 거주할 때만 이용할 수 있다.

사설 납골당 분양가는 200만원~4,000만원이며 납골당 관리비는 연간 5만~15만원이며 5~10년 단위 선납이 일반적인 관행인데, 최근 화장이 급증되면서 납골당 수요가 증가하고 있는 만큼, 피해분쟁도 해마다 늘어나고 있다.

납골당 사업자 측의 불합리한 규정으로 사용자가 부당한 경우를 당하는 경우가 많았으나, 공정거래위원회가 불공정 계약조항을 시정 조치함으로 불공정한 거래관행이 개선되고 서민층의 권익이 보호받을 수 있게 되었다.

납골당 사용인이 중도에 이용을 중단하여도 선 지급된 이용료와 관리비를 일부 환불 받을 수 있게 되었으며, 기존납골당 사용자가 사용권을 제 3자와 양도·양수하는 것도 가능하다.

상(喪)을 당했을 때 급히 납골당을 구할 경우 시간에 쫓겨서 어려움이 있으므로 미리 사전에 알아보고 선택하는 것이 좋다. 납골당은 위치와 시설, 사후관리 및 가격 등을 종합적으로 검토한 후 선택해야 한다.

납골당의 위치는 거주지와 가깝고 대중교통이 편리한 곳이 좋다. 시설 면에서는 편의시설이 잘 되어 있는지, 주차장은 넉넉한지, 주위의 조경은 잘 조성되어 있는지, 종교별 구분(제례단, 안치단)이 구분되어 있는지 운영주체(개인, 재단법인, 종교단체 등) 등을 꼼꼼하게 점검해야 한다.

그리고 관리비는 몇 년에 어떤 식으로 내는지, 유골 관리에 필요한 공조시스템이 갖추어져 있는지, 유골반출시 분양금 반환 여부 등도 미리 확인한 후 본인의 경제력을 감안하여 선택하는 것이 좋다.

CHAPTER 07
건전의례서비스

건전의례서비스
健全儀禮서비스

건전의례서비스

1. 가정의례 복지플랜

가정의례실천협회, 성장(成長)과 복지(福祉)가 함께 가는 것이 시대적 요구임을 깊이 인식하고 사회적 약자들을 위한 「가정의례 복지플랜」을 만들어 실천운동 전개

우리는 "널리 사람을 이롭게 하고자" 했던 고조선의 건국이념인 홍익인간(弘益人間)과 "사람을 하늘처럼 섬기라"(事人如天)고 했던 인간존중의 철학과 상부상조하는 두레 문화의 아름다운 전통을 지니고 있다.

이에 가정의례실천협회에서는 이를 계승하여 인간존중과 상부상조 철학에 바탕하여 사랑과 나눔을 실천하고 서민들의 복지(福祉) 향상을 위한 공익사업을 추진하고 있다.

이제 정치권에서도 여야를 막론하고 복지(福祉)를 시대적 요구로 받아들이고 있으며, 이는 19대 총선(2012.4.11)에서 새누리당의 "생애주기별 맞춤형 복지" 공약과 민주통합당의 "보편적 복지" 공약 등에서도 잘 알 수 있다.

이제 복지는 선별적·보편적 복지라는 이분법을 넘어 일할 수 있는 사람은 일을 통해 빈곤에서 벗어나도록 국가와 사회가 정책적으로 지원하고 사회적 약자에게는 필요한 복지를 제때 제공하는 수요자 중심의 맞춤형 복지를 통해 자립·자활을 핵심으로 선순환 구조를 만들어 가야 지속가능한 성장과 지속가능한 복지를 실현할 수 있다.

이에 본회에서는 성장(成長)과 복지(福祉)가 함께 가는 것이 시대적 요구임을 깊이 인식하고, 서민들과 생활보호대상자, 500만 장애인 가정 등 사회적 약자들이 경제적 부담을 줄일 수 있도록 각종 공제 및 지원 프로그램 등 「가정의례 복지플랜」을 마련하고 이를 교육·보급하는 국민 실천운동을 전개하고 있다.

이러한 「가정의례 복지플랜」 프로그램의 하나로 가정생활 속에서 일시에 큰 비용이 소요되는 중요한 의례인 혼례(婚禮)·장례(葬禮)·제례(祭禮) 등 가정의례(家庭儀禮) 비용을 획기적으로 절감할 수 있는 「건전의례서비스」를 만들어 보급하는 운동에 앞장서고 있다.

새누리당 제19대 총선 공약(복지)

삶의 처음부터 끝까지 함께하는 10대 맞춤정책

30~40대

20대

10대

영유아

약속 1

"만 0~5세 모든 아이의 양육과
보육을 국가가 책임지겠습니다."

- 만 0~5세 양육수당 전계층 지원
- 만 0~5세 보육비 전계층 지원

10대

약속 2

"수업없는 175일과 방과후를 책임지겠습니다."

- 전국 초등·특수학교에 스포츠강사 확대 배치
- 전국 초·중·고교생 토요문화학교 지원
- 저소득층에 대한 방과후 학교 자유수강권 확대 지원

20대

약속 3

"청년들의 꿈을 응원합니다."

- 창업자금시장 활성화 및 창업실패 낙인제거 등 청년창업 활성화
- 열정과 잠재력으로 평가받는 스펙 초월 취업시스템 도입
- 사병월급과 사병수당 2배 인상

50~60대

60대 이상

영유아

30~40대

약속 4 "가슴에 품었던 내 집의 꿈을 현실로 이루어 드리고
집 없는 서러움을 덜어드립니다."

- 뉴타운 사업에 대한 기반시설 설치비 국고지원 대폭 확대
  뉴타운 사업지구의 해제조건 완화, 해제지역에 대한
  기반시설 설치비 및 주택 개량 자금 융자 지원
- 공공임대주택 공급확대
- 저소득층 전세자금 이자부담 경감

약속 5 "비정규직의 편견과 차별없는 세상을 만들겠습니다."
- 임금·복리후생에 대한 비정규직 차별개선
- 대기업 고용형태 공시제도 도입 등 비정규직 줄이기
- 사내하도급 근로자 보호 등에 관한 법률제정

약속 6 "땀 흘리는 근로자의 웃음을 찾아 드립니다."
- 중소제조업 임금 감소분 일부 재정 지원, 휴일근로 시간을
  연장근로에 포함 또는 주10시간으로 축소
- 교대제 개선 지원금 확대
- 소규모 사업장 저임금근로자에 대한 사회보험지원 확대

50~60대

약속 7 "인생이모작, 성공적인 인생 후반전을 지원합니다."
- 정년60세 의무화 단계적 추진 및 임금 피크제 활성화
- 대형유통업체의 중소도시 진입규제
- 직불카드 활성화를 통한 카드 가맹점 수수료 1.5%대로 인하

약속 8 "건강이 최우선, 의료비 걱정이 줄어듭니다."
- 치석제거, 항암제 급여확대 등 중증질환에
  대한 건강보험급여 확대

60대 이상

약속 9 "어르신들의 건강한 웃음이 더욱 커졌으면 좋겠습니다."
- 75세 이상 노인에 대한 완전·부분틀니 급여 제공
- 치매 노인에 대한 장기요양보험 확대와 돌봄서비스 확충
- 노인대상 폐렴구균 백신 집중

약속 10 "노후소득이 보장되고 어르신 사회참여가 활발해집니다."
- 노인근로장려세제(Senior EITC) 도입
- 자원봉사 복지포인트제도 도입

비전 3

보편적복지 확충
10대 정책약속, 79개 실천과제

왜 '보편적복지 확충' 인가

- 출산율 세계 최저, 자살률 세계 최고, 날로 심화되고 있는 양극화, 고용 없는 성장 등 대한민국이 당면한 과제들은 지금까지의 선택적 복지정책으로는 결코 해결할 수 없음. 이제 그 해답을 '보편적 복지'에서 찾아야 함
- 보편적 복지는 '인적·사회적 자본'에 대한 최고의 투자로 성장 정책이고 일자리 정책이며 사회통합 정책임
- '무상보육', '무상급식', '반값 등록금'은 저출산 문제 해결과 우수 인력의 확보를, '무상의료'는 중산서민들의 빈곤층 전락과 노후불안 해소를, 일자리 복지와 주거 복지는 경제성장과 국민행복 지수를 동시에 높일 것임
- 세계 10위권의 경제대국으로 발전한 이제, '생계보장의 차별적·선택적 복지'를 뛰어넘어 국민 모두의 '인간다운 생활'을 보장하는 '보편적복지'를 통해 우리 사회의 당면 문제들을 해결해야 함. 즉, 보편적복지는 시대적 요구임

10대 정책약속

1. 무상보육을 실현하고 저출산 극복을 위한 정책을 일관성 있게 추진하겠습니다.
2. 의무교육 무상화와 반값등록금으로 교육비를 절반 이하로 낮추겠습니다.
3. 공교육 강화로 사교육비를 경감하고 대학서열화 완화로 능력사회를 열겠습니다.
4. 획기적인 건강보험 보장성 확대와 의료인프라 개혁으로 의료사각지대를 해소하고 치료비 부담을 덜어드리겠습니다.
5. 서민·중산층의 주거복지를 획기적으로 개선하고 주거안정을 이루겠습니다.
6. 아동·청소년의 권리를 보장하고 희망을 이루도록 하겠습니다.
7. 사회 취약계층을 지원하고 사회안전망을 강화하겠습니다.
8. 장애인이 비장애인과 똑같이 잘사는 대한민국을 만들겠습니다.
9. '효도하는 민주통합당'이 되겠습니다.
10. 일도 함께, 국가운영도 함께하는 실질적 성평등사회를 실현하겠습니다.

바뀌는 내 삶과 대한민국

- 복지혜택을 받기 위해 스스로가 가난하다는 것을 입증하지 않아도 되는 나라
- 출생부터~대학졸업까지 교육은 국가가 책임져 모든 국민이 교육비 부담에서 벗어남
- 무상보육(0~5세)~무상급식·교육(초·중등생)~무상교육(고등생)~반값등록금(대학생)
- 돈이 없어 질병치료를 포기하거나 미루는 일이 없는 나라
- 중산 서민들이 집 걱정 없이 사는 세상
- 오늘의 대한민국을 있게 한 어르신들의 생활비, 건강, 일자리, 여가생활을 국가가 책임지는 나라
- 아동, 청소년, 다문화 가정 등 사회적 약자가 차별받지 않는 건강한 대한민국

2. 건전 혼례(婚禮) 서비스

1) 개 요

건전혼례서비스는 정부의 《건전가정의례준칙》에 기반하여 검소하고 실속 있는 결혼식을 위한 표준을 제시하는데 그 목적이 있다.

그래서 체면과 허영에 휘둘려 비싼 비용을 들여 시간에 쫓기듯 판에 박힌 듯한 결혼식에서 벗어나 양가 부모와 예비부부가 검소하고 알뜰하게 뜻 깊은 결혼식을 할 수 있는 현실적인 대안을 제시하고 있다.

나아가 결혼식이 허영과 과시가 아닌 감사와 추억의 의례가 되어야 하며 나

를 돌아보고 부모님을 비롯한 친지 등 주위의 인연들에 감사하고 새로운 출발을 다짐하는 신성한 시간이 되어야 하며 양가의 친지들이 서로 어울려 얼굴을 익히고 추억을 나누고 새로운 가족이 되는 소중한 자리가 되어야 한다는 철학 하에 가격중심의 컨설팅이 아닌 내용 중심의 컨설팅 서비스를 제공하고 있다.

2) 건전혼례서비스

최근 상업화된 혼례 문화는 수억 원대의 초호화 결혼식과 막대한 혼수비용, 결혼 정보회사들과 웨딩컨설팅 업체들의 횡포 등으로 인해 심각한 사회문제를 야기하고 있다.

결혼 비용이 억대를 넘어서고, 세계 어느 나라보다 결혼 비용이 높은 것으로 나타나고 있다.

최근 보도에 의하면 주택마련 비용을 포함하여 약 2억원 정도의 결혼 비용이 드는 것으로 나타났는데 이는 주택구입비 상승이 주요인이며, 과시성향과 허영심, 체면 문화와 웨딩 업계의 전략적 마케팅이 맞아 떨어진 결과라 할 수 있다.

이러한 허영심과 과시성향을 이용한 마케팅과 과다한 예식장 비용, 끼워 팔기 등 웨딩 서비스의 가격 거품이 커지는 것도 심각한 사회 문제로 떠오르고 있다.

이에 가정의례실천협회에서는 회원단체인 대한웨딩협의회 등과 함께 예단, 혼수 등 결혼비용을 최소화하고 무료 결혼식장 패키지 등 실속형 알뜰 결혼식을 위한 건전혼례프로그램을 마련하여 예비 신랑신부들과 부모들의 부담을 덜어주고 있다.

건전혼례프로그램의 경우 거품을 뺀 정직하고 합리적인 비용으로 웨딩컨설팅 서비스를 제공하며 '가정의례복지플랜'에게는 할인혜택을 통해 저렴한 비용으로 웨딩컨설팅을 이용할 수 있으며 무료 결혼식장도 안내하고 있다.

건전 혼례(婚禮) 서비스

품 목	내 용	웨딩플랜	리마인드웨딩(孝)
본식	드레스	화이트드레스 1벌	화이트드레스 1벌
	턱시도	턱시도 & 연미복	턱시도 & 연미복
	메이크업 & 헤어	신랑 & 신부 1회	신랑 & 신부 1회
	촬영 / 앨범	가죽앨범 11R＊30P 혼주원판 10P 2권	액자 16R 1점 5R 2점
리허설/촬영	드레스	화이트드레스 2벌 컬러 드레스 1벌	
	턱시도	턱시도 & 연미복	
	메이크업 & 헤어	신랑 & 신부 1회	
	촬영 / 앨범	가죽앨범 11R＊20P 스토리앨범	
서비스		부케, 부토니아 코사지 6개, 20R 액자 1점	전통한복 착용 / 촬영
＊폐백음식, 허니문(여행), 예물, 예단, 도우미, 접대 등은 별도			

3. 건전 장례(葬禮) 서비스

1) 개요

"올바른 장례, 장묘문화 개척할 것"

우리의 전통 장례문화는 상부상조(相扶相助)의 두레(품앗이. 공동노동) 문화에 바탕을 두고 있다. 그런데 지난 30여 년 동안 상조회사 난립으로 피해자가 속출하고 있다.

한국소비자원과 보건복지부 자료 등에 의하면 한국인들의 평균 장례비용이 매장은 1,916만원, 납골당을 이용할 경우에는 1,390만원 정도 들어가며, 묘지 납골비용을 제외한 장례비용 중 접객비와 장의용품 구입비가 가장 큰 부분을 차지하는 것으로 나타났다.

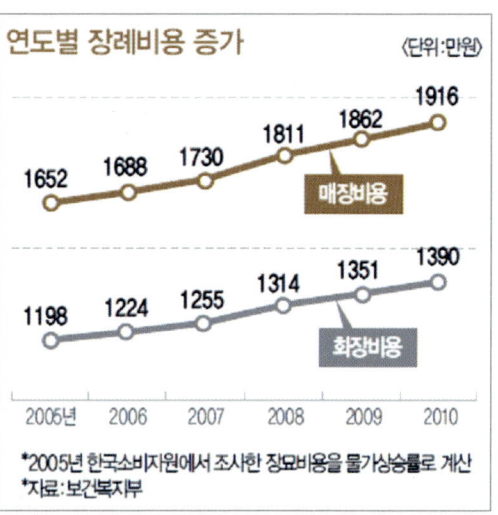

한국보건사회연구원이 펴내는 〈보건사회연구〉에 실린 '표준장례비용 산정에 관한 연구' 보고서에서, 2009년의 장례비용 실태조사를 바탕으로 산출한 표

준장례비용은 1,071만원이었다.

표 20. 표준장례비용 산정 결과

(단위: 원)

항목	세부항목	품목	표준비용
장례식장 관련비용	장례식장 사용비	안치비용	141,000
		빈소사용비용	854,000
		염습비용	296,000
		수시비용	113,000
	소계		1,404,000
	장례용품비	수의	494,000
		관	264,000
		수시포	19,000
		명정	31,000
		염포	63,000
		영정사진	53,000
		상복(남,여)	121000
		입관부속 및 기타비용	199,000
	소계		1,244,000
	조문객 접대비	식당	1,721,000
		편의점	820,000
	소계		2,541,000
	제수용품비		262,000
	제단장식비용		369,000
	운구비용		430,000
	소계		996,000
	표준 장례식장 관련비용 (A)		6,250,000
묘지, 화장 및 봉안 관련비용	묘지관련비용	묘지사용료, 관리비 등	4,880,000
	화장 및 봉안관련 비용	화장비용, 사용 및 관리비 등	3,460,000
	표준 묘지, 화장 및 봉안 관련비용 (B)		4,133,000
매, 화장지 추가 음식비용 (C)			330,000
표준장례비용 총계 (A+B+C)			10,713,000

출처 : 보건사회연구 29권 2호, 2009. 12 p.121.

장례비용의 부담을 느끼는 심리를 이용해 상조서비스를 제공하는 회사가 급증하여 한때 전국적으로 약 400여개의 상조회사가 영업을 하기도 했으나 상조업체간 과당경쟁 및 영세업체들의 부도로 인한 소비자 피해가 발생하고, 수십억 원대~수백억 원대 고객 납입금 횡령 등으로 상조업체 대표와 임직원들이 구속되는 등 사회적 문제로 대두되었다.

이에 2010. 9 「할부거래에 관한 법률」 개정안 시행으로 상조회사는 반드시 '소비자피해보상보험계약'을 체결하고 자본금 3억원 이상 등 일정조건을 갖춰 시·도에 등록하도록 의무화함에 따라 2011. 5 기준 300여개 업체가 등록 영업하고 있다.

그럼에도 불구하고 상조서비스를 이용하는 소비자는 제대로 된 서비스를 받지 못하고 회사 도산으로 납입금을 떼이는 등 여전히 많은 피해를 보고 있다.

2) 건전 장례(葬禮) 서비스

후불제로 소비자 피해발생 원천 예방

이런 상조업체의 폐단과 올바른 장례·장묘문화 확산을 위해 가정의례실천협회에서는 "건전장례서비스"를 마련하여 회원단체인 '한국의전협의회'와 함께 이를 보급하고 있다.

건전장례서비스는 현재 상조업체들에서 가장 보편적으로 많이 채택하고 있는 350만원~400만원대 패키지에서 제공되는 서비스를 기준으로 상조 상품과 서비스를 구성하여 이를 거품을 뺀 합리적인 가격에 제공하고 있으며, 후불제를 도입하여 소비자들의 피해가 발생하지 않도록 배려하고 있다.

나아가 '가정의례복지플랜' 회원에게는 할인 혜택을 통해 저렴한 가격에 건전장례서비스를 이용할 수 있도록 배려하고 있다.

한국가정의례실천협회가 업계 전문가들의 의견을 수렴하여 마련한 건전장례서비스는 최적의 상품과 서비스 구성으로 추가비용 없이 장례를 치를 수 있도록 되어 있다.

가장 중요한 장례용품이 관(棺), 수의(壽衣), 유골함인데, 가볍고 소각이 잘되는 적정두께의 오동나무관, 100% 대마 수의, 고품격의 도자기유골함 혹은 유약처리하지 않은 황토유골함 등 최적의 제품을 사용하고 있으며, 입관부속 등 나머지 장례용품도 규격품을 사용하고 있다.

또한 상복, 장갑, 완장 등도 필요량만큼 충분히 제공하는 등 추가비용이 발생하지 않도록 배려하고 있다.

건전 장례 서비스

품　　　명	제공 품목 및 서비스
관(棺)	오동나무관(4.5cm, 원산지 중국, 제작 국내) ＊ 화장시 오동나무 약 3cm(원산지 중국, 제작 국내)
유골함(화장시)	유골함 : 도자기, 황토 유골함등 선택 가능
수의(壽衣)	수의 : 100% 대마 (기계직조), 원산지 중국, 제조 국내
입관용품	협회 규격품 제공 ＊관보, 명정(銘旌), 다리니경, 베게, 습신, 혼백, 한지, 　예단, 초석, 운아, 하대 등 일체
분향소, 의전용품	협회 규격품 제공 ＊ 위패, 부의록, 향, 양초, 상주리본 등 일체
염습 / 입관	장례관리사 2명(입관의례, 종교별)
전통식 상복	굴건제복	필요량 제공
	두루마기, 중단	필요량 제공
	작지, 복조끼, 복치마	필요량 제공
	두건, 행전, 수질, 요질	필요량 제공
현대식 상복 (남자)	양복 + 넥타이	필요량 제공, 와이셔츠 별도
	완장	필요량 제공
현대식 상복 (여자)	흰색, 검정색 택일	필요량 제공
차량	캐딜락 또는 장의버스(선택)	매장시 왕복 300km
제단 꽃 장식	기본 패키지(1단)
전문장례관리사 파견	1일째 : 1명, 2일째 2명, 3일째 1명
접대 도우미 파견	2명(1명 ＊ 2일, 1일 8시간 기준)

【특기사항】부득이한 경우 제공되는 내용이 일부 변경될 수 있습니다.
▶ 장례식장 임대료, 제단 꽃 장식, 각종 제물, 접대 음식 등은 제외
▶ 유가족의 요청에 따라 발생하는 비용은 유가족이 지불하셔야 합니다.
▶ 상기 서비스 내용 중 불필요한 물품을 금액으로 지급하지 않습니다.

- 수의(壽衣) : 고인(故人)에게 입히는 옷
  - 남자는 바지, 속바지, 저고리, 속저고리, 면노, 악수, 조발랑, 장매,
    두루마기, 도포, 천금, 지금, 금침, 버선 등
  - 여자는 바지, 속바지, 저고리, 속저고리, 원삼, 치마, 속치마, 면모, 악수,
    조발랑, 장매, 천금, 지금, 금침, 버선 등
- 천금(天衾) : 고인을 덮는 홑이불
- 지금(地衾) : 고인 밑에 까는 겹이불(요)
- 금침(金枕) : 관 안에 고인을 눕힐 때 사용하는 베게
- 습신 : 시신에게 신기는 신발(꽃신)로 면이나 종이로 만듦
- 명정(銘旌) : 고인의 관직(官職)이나 성명을 기록한 기(旗)로서 붉은 천(은분이나 흰색 글씨)
- 칠성판(七星板) : 시신을 받쳐 놓는 판(폭 30센티, 길이 180센티 정도)으로 우리 민족의 칠성신앙과 관련이 있음
- 한지(漢紙) : 일명 염습지라고도 하며 시신의 결박이나 입관 전후의 관내부에 미리 깔기도 함
- 관보 : 시신을 입관(入棺)하여 결관(結棺) 후에 관을 씌우는 보로써 일반으로 홍색, 또는 주황색 천을 사용

* 천주교 의식에서는 검은 천에 흰색의 십자가를, 기독교 의식에서는 흰 천에 붉은 십자가를, 불교의식에서는 불교만(卍)자를 한 것을 사용

- 예단(禮緞) : 청실(남자)과 홍실(여)로 만들어 이승을 결별하고 저승과의 결연을
  의미하는 비단제품으로, 횡대 위에 올려 예를 표하고 화장시에
  는 관속에 넣어서 화장
- 횡대(橫帶) : 장지에서 하관 후 관위를 시토하기 전에 광중에 들어갈 관위를
  덮는 일곱 장의 나무판자
- 초석(草席) : 충해(蟲害)가 없는 야생초를 건조시켜 여러 묶음으로 만들어 시신
  과 관벽 사이의 공간을 채우는 것

＊초석 대신에 고인이 생전에 입었던 의류 등을 넣기도 한다.

- 운아(雲亞) : 운삽과 아삽을 아울러 이르는 말로
  운삽(雲翣)은 발인할 때에, 영구(靈柩)
  의 앞뒤에 세우고 가는 구름무늬를
  그린 부채 모양의 널판을 이르며,
  아삽(亞翣)은 불삽(黻翣)이라고도 하며
  발인 때에, 상여의 앞뒤에 세우고
  가는 것으로 아(亞)자 형상을 그린
  널조각에 긴 자루가 달려 있다.
- 멧베 : 시신에 수의를 입힌 후 삼베 이십자(尺) 한필을 일곱 쪽으로 잘라서
  다시 각 한 쪽의 반 정도를 3등분하면 21매끼가 되는데 이것으로 시
  신을 결박할 때 사용
- 오랑(조발랑이) : 대렴 입관 때 고인의 손톱, 발톱, 머리털을 깎아 담는 삼베로
  된 주머니

- 상장(喪杖) : 상여 뒤를 따라가는 상주가 짚는 지팡이로서 남자 상주는 대나무, 여자 상주는 오동나무나 버드나무 사용

＊ 또는 고인이 아버님일 경우는 대나무 지팡이, 어머님 상일 경우는 버드나무 지팡이 사용

- 굴건제복 : 남자상주의 전통 상례복(삼베), 혼인한 상주만 착용
- 두루마기 : 맏상주, 맏며느리만 입으며 상복 위에 착용
- 복치마저고리 : 여자상주의 전통 상례복으로 며느리만 착용
- 치마저고리 : 여자의 상복
- 복조끼 : 삼베조끼로 딸과 며느리를 구분하기 위해 며느리만 착용
- 두건 : 상주나 친지들의 머리에 착용(남자)
- 행전 : 상주나 친지들의 종아리에 착용(남자)
- 수질 : 맏상주와 맏며느리, 딸들의 머리에 착용
- 요질 : 맏상주와 맏며느리, 딸들의 허리에 착용
- 완장 : 상주들의 팔에 착용, 맞상주용, 일반용이 구분됨

참고 자료

〈도서〉

한국민족문화대백과.

관혼상제대전, 유덕선, 신나라.

사진으로 보는 가정의례, 조선일보사.

관혼상제, 김상혁, 하서.

관혼상제, 김관봉, 태서출판사.

예절교육, 김 정, 이화문화출판사.

호텔지배인이 바라본 웨딩의 세계, 김정현, 한솜미디어.

웨딩 플래너, 김정희, 김영사.

한 권으로 끝내는 결혼준비, 정주희, 케이앤피북스.

마이 웨딩 플래너, 이세정, 강진아, 리스컴.

성공 웨딩플래너를 위한 실무가이드, 박영, 백산출판사.

상조서비스 소비자피해 및 관련 법규, 한국소비자원.

프리니드와 상조서비스론, 강동구 · 이복순 공저, 지투지.

서울 장묘시설 100년사, 박태호, (사)한국장묘문화개혁범국민협의회.

생사미학연구, 생사미학회, 해조음.

〈논문 · 정책자료 · 연구자료〉

윤희욱 · 박진용 · 박경도, 『웨딩산업 현황분석 및 유통경로 개선을 통한 산업
　　　　발전방안 : 웨딩 오픈마켓의 활성화를 중심으로』, 「경희대 사회과학연

구」 제35권 제3호, 2009.12. pp.187-213.

이윤옥, 『웨딩 소비자의 만족도 비교 분석 : 웨딩컨설팅과 웨딩숍을 중심으로 Comparative Analysis of Satisfaction of Wedding Service Consumers』, 경일대 석사 논문, 2009년.

2010년 제 2차 가족실태조사(여성가족부)

이희재(Hee Jae Lee), 「한국 전통상례의 윤리적 의미 The Ethical Meanings of Korean Traditional Mourning Rituals」, 『비교한국학』 제6권(2000), pp.169~187.

이필도, 김미혜, 「표준장례비용 산정에 관한 연구」, 『보건사회연구』 제29권 제2호, p.98~125. 2009.12.

주기종, 「상조회사의 경영관련 문제들에 대한 법적 검토 Legal Investigation On Problems Related to the Management of Mutual Aid Companies」, 『법학연구』 40권, p.311~334. 2010.

김명수, 「상장례 관련 법제도의 문제점과 개선방안 : 『장사 등에 관한 법률』을 중심으로 Legal issues and amendment plan of the funeral system」, 명지대 석사논문, 2011.

부록

관계법령 및
표준약관

건전가정의례준칙

[시행 2008.10.14] [대통령령 제21083호, 2008.10.14, 전부개정]

여성가족부(가족정책과), 02-2023-8615

제1장 총칙

제1조(목적) 이 영은 「건전가정의례의 정착 및 지원에 관한 법률」 제5조제4항에 따라 건전가정의례준칙의 내용과 그 보급 및 실천에 관한 사항을 규정함을 목적으로 한다.

제2조(정의) 이 영에서 사용하는 용어의 뜻은 다음과 같다.
1. "성년례(成年禮)"란 성인으로서의 사회적 책무를 일깨워 주기 위하여 하는 의식절차를 말한다.
2. "혼례(婚禮)"란 약혼 또는 혼인에서 신행(新行)까지의 의식절차를 말한다.
3. "상례(喪禮)"란 임종에서 탈상까지의 의식절차를 말한다.
4. "제례(祭禮)"란 기제사(忌祭祀) 및 명절에 지내는 차례(이하 "차례"라 한다)의 의식절차를 말한다.
5. "수연례(壽宴禮)"란 60세 이후의 생일을 기념하기 위하여 하는 의식절차를 말한다.
6. "주상(主喪)"이란 상례의 의식절차를 주관하는 사람을 말한다.
7. "제주(祭主)"란 제례의 의식절차를 주관하는 사람을 말한다.

제3조(종교의식의 특례) 종교의식에 따라 가정의례를 하는 경우에는 이 영에서 정하는 건전가정의례준칙의 범위에서 해당 종교 고유의 의식절차에 따라 할 수 있다.

제4조(건전가정의례준칙의 보급 및 실천) 국가기관, 지방자치단체, 공공기관·단체 및 기업체 등의 장은 소속 공무원 및 임직원 등에게 건전가정의례준칙을 실천하도록 권장하거나 그 실천사항을 정하여 보급할 수 있다.

제2장 성년례

제5조(시기) 성년례는 만 19세가 되는 때부터 할 수 있다.

제6조(성년례) ① 국가기관, 지방자치단체, 공공기관·단체 및 기업체 등이 성년예식을 거행할 때에는 엄숙하고 간소하게 하여야 한다.
② 성년례의 식순, 성년선서 및 성년선언의 내용은 별표 1과 같다.

제3장 혼례

제7조(약혼) ① 약혼을 할 때에는 약혼 당사자와 부모 등 직계가족만 참석하여 양쪽 집의 상견례를 하고

혼인에 관한 모든 사항을 협의하되, 약혼식은 따로 하지 아니한다.

② 제1항의 경우 약혼 당사자는 다음 각 호의 서류를 첨부하여 별표 2의 약혼서를 교환한다.

1. 당사자의 건강진단서

2. 「가족관계의 등록 등에 관한 법률」 제15조제1항 각 호의 증명서 일부 또는 전부(당사자의 합의에 따라 필요한 경우에만 첨부한다)

제8조(혼인) ① 혼인예식을 거행할 때에는 다음 각 호의 사항을 지켜야 한다.

1. 혼인예식의 장소는 혼인 당사자 어느 한 쪽의 가정 또는 혼인예식장이나 그 밖에 건전한 혼인예식을 하기에 적합한 장소로 한다.

2. 혼인 당사자는 혼인신고서에 서명 또는 날인한다.

3. 혼인예식의 복장은 단정하고 간소하며 청결한 옷차림으로 한다.

4. 하객 초청은 친척 · 인척을 중심으로 하여 간소하게 한다.

② 혼인을 할 때 혼수(婚需)는 검소하고 실용적인 것으로 하되, 예단을 보내는 경우에는 혼인 당사자의 부모에게만 보낸다.

③ 혼인예식을 마치고 치르는 잔치는 친척 · 인척을 중심으로 간소하게 한다.

④ 혼인예식의 식순, 혼인서약 및 성혼선언의 내용은 별표 3과 같다.

제4장 상례

제9조(상례) 사망 후 매장 또는 화장이 끝날 때까지 하는 예식은 발인제(發靷祭)와 위령제를 하되, 그 외의 노제(路祭) · 반우제(返虞祭) 및 삼우제(三虞祭)의 예식은 생략할 수 있다.

제10조(발인제) ① 발인제는 영구(靈柩)가 상가나 장례식장을 떠나기 직전에 그 상가나 장례식장에서 한다.

② 발인제의 식장에서는 영구를 모시고 촛대, 향로, 향합, 그 밖에 이에 준하는 준비를 한다.

제11조(위령제) 위령제는 다음 각 호의 구분에 따라 한다.

1. 매장의 경우: 성분(成墳)이 끝난 후 영정을 모시고 간소한 제수(祭需)를 차려놓고 분향, 헌주(獻酒), 축문 읽기 및 배례(拜禮)의 순서로 한다.

2. 화장의 경우: 화장이 끝난 후 유해함(遺骸函)을 모시고 제1호에 준하는 절차로 한다.

제12조(장일) 장일(葬日)은 부득이한 경우를 제외하고는 사망한 날부터 3일이 되는 날로 한다.

제13조(상기) ① 부모 · 조부모와 배우자의 상기(喪期)는 사망한 날부터 100일까지로 하고, 그 밖의 사람의 상기는 장일까지로 한다.

② 상기 중 신위(神位)를 모셔두는 궤연(궤연)은 설치하지 아니하고, 탈상제는 기제사에 준하여 한다.

제14조(상복 등) ① 상복은 따로 마련하지 아니하되, 한복일 경우에는 흰색으로, 양복일 경우에는 검은색으로 하고, 가슴에 상장(喪章)을 달거나 두건을 쓴다. 다만, 부득이한 경우에는 평상복으로 할 수 있다.

② 상복을 입는 기간은 장일까지로 하고, 상장을 다는 기간은 탈상할 때까지로 한다.

제15조(상제) ① 사망자의 배우자와 직계비속은 상제(喪制)가 된다.

② 주상은 배우자나 장자가 된다.

③ 사망자의 자손이 없는 경우에는 최근친자(最近親子)가 상례를 주관한다.

제16조(부고) 신문에 부고를 게재할 때에는 행정기관 및 공공기관ㆍ단체의 명의를 사용하지 아니한다.

제17조(운구) 운구(運柩)의 행렬순서는 명정(銘旌), 영정, 영구, 상제 및 조객의 순서로 하되, 상여로 할 경우 너무 많은 장식을 하지 아니한다.

제18조(발인제의 식순 등) 발인제의 식순 및 상장의 규격은 별표 4와 같다.

제5장 제례

제19조(제례의 구분) 제례는 기제사 및 차례로 구분한다.

제20조(기제사) ① 기제사의 대상은 제주부터 2대조까지로 한다.

② 기제사는 매년 조상이 사망한 날에 제주의 가정에서 지낸다.

제21조(차례) ① 차례의 대상은 기제사를 지내는 조상으로 한다.

② 차례는 매년 명절의 아침에 맏손자의 가정에서 지낸다.

제22조(제수) 제수는 평상시의 간소한 반상음식으로 자연스럽게 차린다.

제23조(제례의 절차) 제례의 절차는 별표 5와 같다.

제24조(성묘) 성묘는 각자의 편의대로 하되, 제수는 마련하지 아니하거나 간소하게 한다.

제6장 수연례

제25조(회갑연 등) 회갑연 및 고희연 등의 수연례는 가정에서 친척과 친지가 모여 간소하게 한다.

부칙 〈제21083호, 2008.10.14〉

이 영은 공포한 날부터 시행한다.

3. 성년선언

성년선언

성년자　ㅇ　ㅇ　ㅇ
생년월일　년 월 일

　그대는 이제 성년이 됨에 있어서 자손으로서 도리를 다하고 국가와 사회의 주인으로서 정당한 권리와 신성한 의무에 충실할 것을 다짐하고 서명하였으므로 성년이 되었음을 엄숙하게 선언합니다.

년　　월　　일

주례　ㅇ　ㅇ　ㅇ (서명 또는 인)

[별표 1]

성년례의 식순, 성년선서 및 성년선언(제6조제2항 관련)

1. 성년례의 식순
   가. 개별 성년례
      1) 개식
      2) 성년자 배례
      3) 축사
      4) 성년선서 및 서명
      5) 성년선언 및 서명
      6) 초례 및 주례의 훈화
      7) 성년자 배례
      8) 폐식
   나. 집단 성년례
      1) 개식
      2) 국민의례
      3) 성년자 호명
      4) 성년자 경례
      5) 주례의 훈화(訓話)
      6) 성년선서 및 서명
      7) 성년선언 및 서명
      8) 초대 손님의 축사 및 답사
      9) 성년자의 초대 손님에 대한 경례
      10) 폐식
2. 성년선서

성년선서

　저는 이제 성년이 됨에 있어서 오늘을 있게 하신 조상님과 부모님의 은혜에 감사하고 자손의 도리를 다할 것과 국가와 사회의 주인으로서 정당한 권리에 참여하고 신성한 의무에 충실하여 성년으로서의 본분을 다할 것을 엄숙히 선서합니다.

년　　월　　일

성년자 ○ ○ ○ (서명 또는 인)

[별표 2]

약혼서(제7조제2항 관련)

<table>
<tr><td colspan="3" align="center">약혼서</td></tr>
<tr><td align="center">구분</td><td align="center">남</td><td align="center">여</td></tr>
<tr><td align="center">성명</td><td></td><td></td></tr>
<tr><td align="center">주민등록번호</td><td></td><td></td></tr>
<tr><td align="center">생년월일</td><td></td><td></td></tr>
<tr><td align="center">주소</td><td></td><td></td></tr>
</table>

위 두 사람은 다음과 같이 혼인할 것을 약속한다.

1. 혼인 예정일

2. 그 밖의 조건

년　　월　　일

약혼자

　　　(남) ○　○　○ (서명 또는 인)

　　　(여) ○　○　○ (서명 또는 인)

입회인

　　　(남자측) : 주소

　　　　　성명 ○　○　○ (서명 또는 인)

　　　(여자측) : 주소

　　　　　성명 ○　○　○ (서명 또는 인)

※ 첨부 : 1. 건강진단서 1부

　　　　2.「가족관계의 등록 등에 관한 법률」제15조제1항 각 호의 증명서 일부 또는 전부(당사
　　　　　자의 합의에 따라 필요한 경우에만 첨부한다)

※「민법」제808조에 따른 동의를 받아야 하는 경우에는 입회인을 그 동의권자로 한다.

[별표 3]

혼인예식의 식순, 혼인서약 및 성혼선언(제8조제4항 관련)

1. 혼인예식의 식순
   가. 개식
   나. 신랑 입장
   다. 신부 입장
   라. 신랑 · 신부 맞절
   마. 혼인서약 및 서명
   바. 성혼선언
   사. 주례사
   아. 양가 부모에 대한 인사
   자. 신랑 · 신부의 초대 손님에 대한 인사
   차. 신랑 · 신부 행진
   카. 폐식

2. 혼인서약

혼인서약

　저는 ㅇㅇㅇ양(또는 ㅇㅇㅇ군)을 아내(또는 남편)로 맞아 어떠한 경우라도 항시 사랑하고 존중하며, 어른을 공경하고 진실한 남편(또는 아내)으로서의 도리를 다하여 행복한 가정을 이룰 것을 맹세합니다.

년　　월　　일

ㅇㅇㅇ (서명 또는 인)

---

3. 성혼선언

성혼선언

　이제 신랑 ㅇㅇㅇ군과 신부 ㅇㅇㅇ양은 그 일가친척과 친지를 모신 자리에서 부부가 되기를 굳게 맹세하였습니다. 이에 주례는 이 혼인이 원만하게 이루어진 것을 엄숙하게 선언합니다.

년　　월　　일

주례 ㅇㅇㅇ (서명 또는 인)

[별표 4]

발인제의 식순 및 상장의 규격(제18조 관련)

1. 발인제의 식순
   가. 개식
   나. 주상 및 상제의 분향
   다. 헌주
   라. 조사(弔詞)
   마. 조객 분향
   바. 일동 경례
   사. 폐식
2. 상장의 규격
   가. 헝겊의 크기(두겹으로 한다)

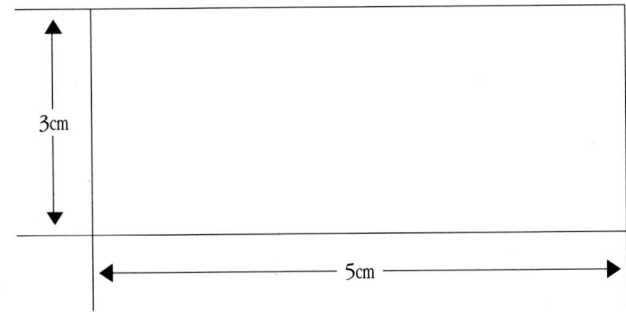

   나. 접은 모양

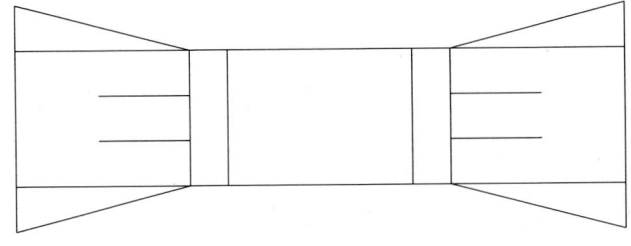

[별표 5]

제례의 절차(제23조 관련)

1. 일반절차

  가. 신위 모시기 : 제주는 분향한 후 모사(茅沙)에 술을 붓고 참사자(參祀者)는 일제히 신위 앞에 재배(再拜)한다.

  나. 헌주: 술은 한 번 올린다.

  다. 축문 읽기: 축문을 읽은 후 묵념한다.

  라. 물림절: 참사자는 모두 신위 앞에 재배한다.

2. 신위 모시기

  신위는 사진으로 하되, 사진이 없는 경우에는 지방(紙榜)으로 대신한다. 지방은 한글로 흰 종이에 먹 등으로 작성하되, 다음 각 목에 따른다.

가. 부모의 경우

| 아버님 신위 | 어머님 ○○○○ 신위 |

나. 배우자의 경우

| 부군 신위 | 부인 ○○○○ 신위 |

다. 차례(합동제사)의 경우

| 할아버님 신위 | 할머님 ○○○○ 신위 | 아버님 신위 | 어머님 ○○○○ 신위 |

비고 : 지방의 ○○○○에는 본관(本貫)과 성씨를 적는다.

가정의례 복지플랜

초판인쇄 2012년 6월 21일
초판발행 2012년 6월 28일

편　　저 | 한국가정의례실천협회
　　　　　　공생두레조합
펴낸이 | 서영애
펴낸곳 | 대양미디어

등록 | 2004년 11월 8일 제2-4058호
주소 | 서울시 중구 충무로5가 8-5 삼인빌딩 303호
전화 | 02-2276-0078
팩스 | 02-2267-7888
전자우편 | sdanbi@kornet.net

ISBN 978-89-92290-54-8 03380

값 | 15,000원